Découvrons les
reptiles

Découvrons les reptiles

TEXTE : **Pamela M. Hickman**

ILLUSTRATIONS : **Judie Shore**

TRADUCTION : **Marie-Anne Délye-Payette**

Données de catalogage avant publication (Canada)

Hickman, Pamela

   Découvrons les reptiles

   (Activités nature)
   Traduction de : Introducing reptiles.

   ISBN 2-89435-091-0

   I. Reptiles - Étude et enseignement (Primaire).   I. Shore, Judie.   II. Titre.
III. Collection.

QL641.H5314 1997   372.3'57   C97-940611-0

Pour la présente édition :

   Révision scientifique : David Rodrigue

   Couverture : Ajay Photographics (*photo*)
              Standish Communications (*conception graphique*)

   Infographie : Tecni-Chrome

   Responsable de projet : Johanne Ménard

Le ministère de l'Éducation et de la Formation de l'Ontario a fourni une aide financière pour la réalisation de ce projet. Toutefois, cette aide ne constitue pas une approbation pour l'utilisation de quelque partie du matériel que ce soit à des fins éducationnelles ou autres. En outre, cette publication ne reflète que l'opinion de ses auteures ou auteurs, laquelle ne représente pas nécessairement celle du ministère de l'Éducation et de la Formation de l'Ontario.

ISBN 2-89435-091-0
Dépôt légal - Bibliothèque nationale du Québec, 1997

Au Québec et à l'étranger:
Éditions Michel Quintin
C.P. 340, Waterloo (Québec)
Canada J0E 2N0
Tél. : (514) 539-3774
Tél.: (514) 539-4905
Internet: http ://www.mquintin.com
Courrier électronique : mquintin@mquintin.com

Au Canada français :
Éditions d'Acadie
C.P. 885, Moncton (N.B.)
Canada E1C 8N8
Tél. :   (506) 857-8490
Téléc : (506) 855-3130
Courrier électronique : edacadie@nbnet.nb.ca

IMPRIMÉ AU CANADA

Table des matières

Introduction

Parmi les affirmations suivantes, pouvez-vous dire lesquelles sont vraies et lesquelles sont fausses? (Vous pourrez, plus tard, poser les mêmes questions à votre classe.)

1. Les serpents sont visqueux au toucher.
2. Quand un serpent sort la langue, il est grand temps de s'éloigner.
3. On peut calculer l'âge d'un serpent à sonnette en comptant les segments du bout de sa queue.
4. Il est interdit de chasser, de capturer et de vendre la plupart des reptiles.
5. Toutes les tortues peuvent rentrer la tête et les pattes à l'intérieur de leur carapace et fermer les orifices pour se protéger.

Se faire traiter de serpent passe habituellement pour une insulte. Cela devrait plutôt être un compliment, car les serpents sont des créatures fascinantes, aux couleurs souvent splendides et qui font preuve d'adaptations stupéfiantes. S'ils ont toujours eu mauvaise réputation, ce n'est pas de leur faute et il est grand temps de s'attaquer à l'ignorance et à la peur que la plupart des gens manifestent envers ces reptiles.

On classe parmi les reptiles, les tortues, les serpents, les lézards, les crocodiles et l'étrange sphénodon qu'on ne trouve qu'en Nouvelle-Zélande. Ce sont en général des créatures farouches, mais il n'est pas rare de surprendre des tortues peintes ou des tortues mouchetées en train de se chauffer au soleil sur un tronc émergé, ou de voir une couleuvre se faufiler dans les herbes. Certains des reptiles que nous connaissons, notamment les tortues aquatiques, sont apparus sur terre il y a environ 200 millions d'années, c'est-à-dire avant les dinosaures. Pourquoi ont-ils survécu si longtemps, alors que d'autres animaux ont disparu? C'est précisément l'une des choses passionnantes que nous allons apprendre.

Dans *Découvrons les reptiles,* nous étudierons quelques espèces d'Amérique du Nord dans leur habitat, nous examinerons la place que ces animaux occupent dans notre écosystème et la façon dont ils s'accouplent et se reproduisent, puis nous nous demanderons ce que nous pouvons faire pour assurer leur survie.

Chaque chapitre commence par une introduction qui vous donne l'information nécessaire pour poursuivre. Suivent plusieurs leçons, qui portent chacune sur un sujet particulier dûment expliqué et qui s'accompagnent d'un certain nombre d'activités. Libre à vous de faire toutes ces activités ou de ne retenir que celles qui vous semblent le mieux adaptées à votre classe. Quel que soit votre choix, vous constaterez que les activités facilitent l'apprentissage. Certaines font appel à une «fiche d'activité» qui peut être photocopiée et remise à chaque élève. En regroupant ses fiches, chacun pourra se constituer un véritable dossier sur les reptiles.

Découvrons les reptiles permet à vos élèves de s'initier à l'histoire naturelle. La démarche suivie est cependant assez générale pour que vous puissiez déborder le cadre du cours de sciences proprement dit. Vos élèves devront exercer leur sens de l'observation, communiquer, faire appel à leurs connaissances mathématiques, et manipuler des matériaux et des instruments.

Plus précisément, les jeunes seront appelés à étudier différents reptiles, à en dégager les caractères propres et à en rechercher les ressemblances et les différences; ils devront trouver de quoi les reptiles ont besoin pour vivre; ils auront à préparer des exposés oraux et des rapports écrits, et pourront enfin participer à des jeux de rôles, dessiner et bricoler.

Tout programme d'éducation ne vise-t-il pas, en fin de compte, à apprendre aux jeunes à respecter les êtres vivants, à s'intéresser à l'environnement et à en prendre soin? Ces valeurs devraient guider notre vie à tous. Les reptiles font partie intégrante de notre univers, ils contribuent à sa beauté et sont un maillon indispensable dans la chaîne de la vie.

Dans *Découvrons les reptiles*, nous présentons les rudiments de l'écologie et de la biologie des reptiles de chez nous et nous cherchons à montrer aux élèves que les reptiles sont un élément important de la nature, un élément qui devrait nous inspirer du respect et non pas de la peur et du dégoût. Plusieurs espèces sont classées soit en danger de disparition, soit menacées, et nous expliquons pourquoi, tout en suggérant aux élèves des façons de protéger les reptiles.

Vous pouvez contribuer largement à faire découvrir à vos élèves le monde fascinant des reptiles. Vous pouvez contribuer à améliorer les chances de survie des reptiles de chez nous en formant de nouvelles générations d'hommmes et de femmes informés et sympathiques à leur destinée.

Post-scriptum : La réponse à chacune des cinq affirmations du début est : FAUX.

CHAPITRE UN

Ces incroyables reptiles

Invitez vos élèves à remonter le temps pour découvrir d'où viennent les reptiles et de quoi certains d'entre eux avaient l'air voici 150 millions d'années. La plupart des élèves connaissent bien les dinosaures. Beaucoup des reptiles d'aujourd'hui ont des ancêtres qui vivaient au temps des dinosaures ou même avant,

mais ils ne descendent pas de ces reptiles disparus. Emmenez vos élèves au musée voir des fossiles et des reconstitutions de reptiles préhistoriques. Regardez l'un des nombreux films réalisés sur les dinosaures. Mettez à profit la documentation de la bibliothèque ou du centre de documentation de l'école.

LEÇON 1

L'histoire des reptiles

Au dévonien (Il y a 395 à 345 millions d'années)
• Le premier animal à quatre pattes qui se soit aventuré sur la terre ferme était un amphibien appelé *Ichtyostega*. Il avait le corps d'un poisson, des pattes trapues et mesurait environ un mètre de long.

Au carbonifère (de 345 à 280 millions d'années)
• Les amphibiens dominent le monde animal, favorisés par la très grande humidité ambiante.

Au permien (de 280 à 225 millions d'années)
• Les premiers reptiles apparaissent, issus des cotylosauriens ou « reptiles souches », leurs primitifs ancêtres. Ce sont les premiers animaux à pondre des oeufs recouverts d'une coquille capable de les protéger de la déshydratation. Ils sont en outre couverts d'une peau écailleuse. Ces deux adaptations leur permettent de coloniser la terre ferme.

Au trias (de 225 à 195 millions d'années)
• Les premiers reptiles ayant l'allure de crocodiles, de tortues et de lézards apparaissent.
• Les premiers dinosaures apparaissent, notamment le relativement petit *Cœlophysis* qui mesurait 3 m de long et l'ichtyosaure qui nageait dans la mer.

Au jurassique (de 195 à 136 millions d'années)
• Il existe des dinosaures de toutes tailles, depuis le petit *Compsognathus* de 60 cm de long, jusqu'au gigantesque brachiosaure qui atteint 26 m de long et pèse 66 t.
• Certains reptiles planent dans les airs grâce à des

ailes de 10 m d'envergure, tandis que d'autres, aussi gros que des requins, nagent dans les océans.

Au crétacé (de 136 à 64 millions d'années)
• *Archelon*, la plus grosse tortue de mer qui ait jamais existé, vivait voici 90 millions d'années. Avec sa carapace de 3,5 m de long, elle était deux fois plus grande que la plus grosse des tortues de mer actuelles, la tortue luth.
• Un crocodile primitif, *Deinosuchus*, vivait voici 75 millions d'années; il mesurait 16 m de long, soit plus de deux fois la taille d'un crocodile moyen de nos jours. Il mangeait probablement de petits dinosaures.
• On pense que les serpents ont évolué lentement à partir des premiers lézards, il y a environ 100 millions d'années; ils creusaient probablement des terriers.
• À la fin de cette période, beaucoup de reptiles, et notamment tous les dinosaures, ont disparu.

La fin de la période crétacée connaît de nombreux bouleversements environnementaux. Il se produit une activité volcanique intense. Le niveau des mers baisse tandis que surgissent des chaînes de montagnes. La vaste mer qui couvrait jusqu'alors l'Amérique du Nord se retire. L'hiver se fait plus froid.

On a des preuves qu'un vaste bolide (c'est le terme général pour désigner des objets comme les astéroïdes) a heurté la terre vers la fin de la période crétacée. Son impact a dû provoquer encore plus d'éruptions volcaniques.

Coelophysis

Brachiosaurus

Deinosuchus

Ces grands bouleversements environnementaux ont sans doute entraîné une diminution du plancton qui constituait alors la plus abondante source de production primaire de nourriture.

Les trois grands types de reptiles qui ont survécu à cette période sont les crocodiles, les tortues et les lézards.

Activités

1. Les fiches d'activité 1 à 3 illustrent une partie des créatures mentionnées ci-dessus. Vous pouvez photocopier ces fiches pour les distribuer aux élèves. Il faudra expliquer aux jeunes que les paléontologues arrivent, à partir de fragments fossilisés, à reconstituer les os et à estimer la taille et la masse des créatures auxquelles ils appartenaient. Pour ce qui est des couleurs, rien n'est sûr, mais celles des reptiles modernes donnent sans doute une bonne idée des variations possibles, depuis le vert de l'iguane jusqu'au bleu et au rose des caméléons. Une fois colorés et collés sur du papier de bricolage, ces animaux peuvent être exposés tout autour de la classe comme témoins de l'origine des reptiles.

2. Les élèves risquent d'avoir du mal à se représenter les dimensions de ces créatures, quand on les donne en chiffres abstraits. La fiche d'activité 4 permet de comparer la taille de ces reptiles primitifs à des choses que les jeunes connaissent. Ils auront ainsi une meilleure idée de l'énormité de certains de ces animaux et de la petitesse de certains autres. Vous pourriez aussi reporter ces mesures sur le mur d'un couloir ou, à l'aide d'une corde, dans la cour de récréation.

LEÇON 2

Faites connaissance avec les reptiles

Le mot « reptiles » qui désigne la classe à laquelle appartiennent tous ces animaux vient du mot latin *reptilis* qui signifie « qui rampe ».

Les caractéristiques visibles des reptiles sont :
- un corps couvert d'écailles
- une peau sèche lorsque les animaux sont hors de l'eau
- des dents pointues ou un bec tranchant (tortues)
- des griffes acérées (sauf chez les serpents et certains lézards, qui n'ont pas de pattes)

Outre ces ressemblances visibles, tous les reptiles ont en commun soit qu'ils pondent sur terre des oeufs entourés d'une coquille (les tortues, la plupart des lézards, les crocodiliens et certains serpents), soit qu'ils mettent au monde des petits entièrement développés (certains serpents et lézards).

On compare souvent les caractéristiques des reptiles à celles des amphibiens (grenouilles, crapauds, salamandres). Les amphibiens ont la peau lisse, dépourvue d'écailles et, en général, humide, et des pattes dépourvues de griffes. La plupart pondent, dans l'eau, des oeufs gélatineux.

Une autre caractéristique des reptiles (et des amphibiens) est qu'ils ont le sang froid ou, plus exactement, qu'ils sont ectothermes, ce qui signifie que la température de leur corps dépend des conditions extérieures, plutôt que d'être contrôlée de l'intérieur comme chez les mammifères qui, eux, sont dits endothermes. Les mammifères utilisent, pour maintenir leur température, l'énergie qu'ils puisent dans leur nourriture. C'est pourquoi ils mangent plus que les reptiles. Dire que les reptiles sont des animaux à sang froid est un peu trompeur, car le sang des tortues, par exemple, n'est pas nécessairement froid.

Demandez à vos élèves comment, à leur avis, font les reptiles pour se réchauffer. La meilleure façon consiste à s'installer au soleil. On voit souvent les tortues prendre leur bain de soleil sur les troncs et les roches qui émergent des étangs et autres eaux peu profondes. On rencontre aussi parfois des serpents étendus en plein soleil dans les sentiers ou sur les roches nues. Pourquoi les reptiles doivent-ils réchauffer leur corps ? Comme les mammifères et les oiseaux, les reptiles ont besoin d'une certaine température pour digérer leur nourriture et éliminer les déchets, ainsi que pour être éveillés et actifs. Chez certaines espèces, la chaleur du soleil fait incuber les oeufs à l'intérieur du corps de la femelle, avant la ponte, ce qui réduit d'autant la durée d'incubation externe.

En résumé, les reptiles ont, tout comme nous, besoin de chaleur; ils ont simplement d'autres moyens de se tenir au chaud que les mammifères et les oiseaux.

Autre trait commun des reptiles, ils ont tous des écailles; mais toutes les écailles ne sont pas pareilles. En fait, chez les serpents, on en distingue deux types — les écailles lisses et les écailles carénées — et c'est d'elles que dépend l'aspect de chaque espèce. Des écailles lisses donnent cette apparence luisante, satinée que l'on trouve chez la couleuvre à collier, la couleuvre verte, le boa et la couleuvre agile.

Les écailles carénées ont, le long de leur axe, une arête en relief qui donne au serpent une apparence rugueuse. La couleuvre brune, la couleuvre à ventre rouge, la couleuvre d'eau, la couleuvre royale, la couleuvre rayée, la couleuvre mince et la couleuvre à

nez plat, de même que le crotale ont des écailles carénées. La couleuvre fauve, la couleuvre obscure et le mocassin à tête cuivrée, quant à eux, ont des écailles faiblement carénées.

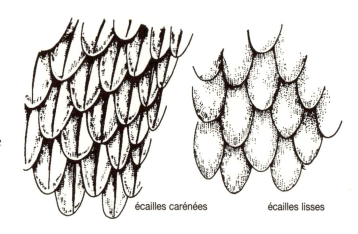

écailles carénées   écailles lisses

Activités

1. Demandez à vos élèves de trouver les caractères communs à tous les reptiles.

2. Sur la fiche d'activité 5, demandez aux élèves de reconnaître les reptiles.

3. Demandez aux élèves à quoi leur fait penser le contact avec la peau sèche et écailleuse des reptiles et la peau lisse et humide des amphibiens. À titre d'exemple, pensons à un ongle et à l'intérieur de la joue, ou à une pâte crue par rapport à une pâte cuite.

4. Une expérience simple permettra aux élèves de mesurer l'effet du soleil sur la température de l'eau; cela les aidera à comprendre comment le simple fait de s'étendre au soleil permet aux reptiles de réchauffer leur sang et l'ensemble de leur corps. Demandez aux élèves de travailler en équipes.

Pour chaque équipe, prévoir:
2 bocaux à couvercle   un emplacement au
un thermomètre   soleil et un autre à
des étiquettes pour   l'ombre
   les bocaux
de l'eau

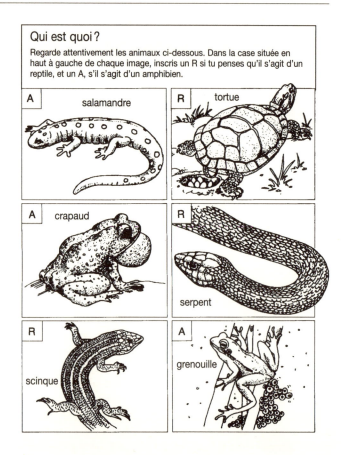

Qui est quoi?

Regarde attentivement les animaux ci-dessous. Dans la case située en haut à gauche de chaque image, inscris un R si tu penses qu'il s'agit d'un reptile, et un A, s'il s'agit d'un amphibien.

A   salamandre

R   tortue

A   crapaud

R   serpent

R   scinque

A   grenouille

Préparation :
a. La veille de l'expérience, mettez en réserve suffisamment d'eau du robinet pour répondre aux besoins de la classe. Ainsi, l'eau sera à la même température pour tous, ce qu'on ne peut assurer en la prenant directement au robinet.

b. Prévoyez une fiche d'activité 6 par élève.

c. Trouvez un endroit où chaque équipe pourra mettre un bocal au soleil et un autre, à l'ombre, pendant plusieurs heures.

Suivi : Discutez des avantages qu'il peut y avoir à être ectotherme, plutôt qu'endotherme comme les mammifères et les oiseaux. Par exemple :
• Plus la température extérieure baisse, moins le reptile est actif. Il finit par ne plus bouger, ne plus manger et respirer à peine. Il n'a donc besoin de manger régulièrement que quand il fait doux.
• Les reptiles, contrairement aux mammifères et aux oiseaux, n'ont pas besoin de manger tout le temps pour entretenir l'énergie qui leur sert à se garder au chaud.
• Les reptiles n'ont pas besoin de dépenser énormément d'énergie à émigrer vers le sud pour fuir la froidure de l'hiver, ou à faire pousser un épais pelage pour y résister.
• L'énergie que leur fournissent les aliments qu'ils mangent ne sert pas à maintenir la température et peut être consacrée à la parade amoureuse, à l'accouplement et à la reproduction.

5. Si vous pouvez obtenir d'un zoo, d'un musée de sciences naturelles ou d'un centre de la nature différentes peaux de serpents, demandez aux élèves de les observer à la loupe pour voir quelle forme ont les écailles et comment elles sont agencées pour former la peau.

6. Faites reproduire à vos élèves différents modèles de serpents présentant les différents types d'écailles. Ils pourront comparer l'apparence et la texture de différentes espèces.

Matériel nécessaire :
pâte à modeler
graines de courges ou de melon
graines de tournesol rayé (entières)
carton léger ou papier fort
petits contenants pour les graines

Divisez vos élèves en groupes de quatre. Donnez à chaque groupe deux boules de pâte à modeler, deux feuilles de carton léger et une petite quantité de chacune des sortes de graines. La moitié du groupe fera un serpent à écailles lisses et l'autre moitié, un serpent à écailles carénées. Suivez les indications de la fiche d'activité 7.

7. Demandez aux élèves de trouver d'autres animaux qui ont des écailles. (Tous les autres reptiles, soit les tortues, lézards, alligators, crocodiles et le sphénodon, ainsi que les poissons et certains oiseaux — sur les pattes.)

Les fiches d'identité

À la suite des fiches d'activité viennent quatorze fiches illustrées consacrées chacune à un reptile particulier, et destinées à l'usage individuel des élèves. Ces fiches suivent toutes le même plan :

Mon apparence : brève description de l'animal

Mon habitat : où le trouver

Ma nourriture : ce que mange ce reptile

Ma vie de famille : reproduction, oeufs et petits

Mes particularités : traits particuliers à ce reptile

À noter : autres renseignements intéressants concernant ce reptile

Mots nouveaux : vocabulaire important à connaître

Activités

1. Chaque fois que vous donnez un travail, invitez vos élèves à consulter les fiches d'identité pour se documenter.

2. Divisez votre classe en quatorze groupes de travail et confiez à chacun une fiche d'identité. Demandez aux groupes de :
   — construire un modèle de leur reptile avec du matériel de bricolage. Par exemple : on peut fabriquer un serpent en enfilant des pâtes creuses sur une ficelle et en ajoutant un disque de carton pour la tête et un bout de laine pour la langue (on peut peindre les pâtes ou les colorer au crayon feutre) ; on peut faire une carapace de tortue à partir d'un petit pot à margarine ou à fromage cottage et le reste du corps avec du carton ou du papier de bricolage ; on peut faire un lézard un peu comme un serpent, mais en utilisant des pâtes plus petites pour les pattes et la queue.
   — dessiner la chaîne alimentaire dont leur reptile est un maillon.
   — concevoir un programme de conservation destiné à leur espèce.

3. Demandez aux élèves de chercher les « mots nouveaux » dans le dictionnaire et d'en donner une définition.

4. Demandez à chaque élève de faire une recherche sur une espèce ou une sous-espèce qui n'a pas fait l'objet d'une fiche d'identité. Faites-leur présenter leurs résultats selon le plan des fiches d'identité. Ces renseignements, une fois que vous les aurez vérifiés, pourront être ajoutés à la collection de fiches d'identité et servir à d'autres travaux de recherche.

5. Faites faire des recherches sur d'autres reptiles, originaires d'autres parties du monde.

CHAPITRE DEUX

De quoi nourrir la pensée

Les reptiles se divisent en quatre groupes : les tortues, les lézards et serpents, les crocodiliens et le sphénodon ; les trois premiers groupes sont représentés en Amérique du Nord.

Les reptiles, sans doute parce qu'ils sont farouches et bien camouflés dans leur habitat naturel, sont en général mal connus de la plupart des gens et encore plus mal compris. Même s'ils passent habituellement inaperçus, ils n'en jouent pas moins un rôle important dans leurs écosystèmes respectifs, en tant que prédateurs, d'une part, qui mangent une grande variété de plantes et d'animaux, et en tant que proies, de l'autre, servant d'aliment à de nombreuses autres espèces. Dans certains marais, la biomasse des tortues est plus importante que celle de toute autre espèce animale.

LEÇON 4

Les chaînes alimentaires

Expliquez à vos élèves la notion de chaîne alimentaire. Chaque fois qu'un animal dévore une plante, il se crée une chaîne alimentaire. La chaîne commence toujours par l'énergie solaire qui est captée par les plantes et elle peut avoir un, deux ou plusieurs maillons.

Demandez à vos élèves de penser à une chaîne alimentaire simple commençant par l'herbe. Ils pourraient par exemple proposer : herbe → lapin → renard, ou encore herbe → vache → être humain.

Faites-leur trouver une chaîne alimentaire comportant un reptile. Par exemple : graines → souris → couleuvre obscure, ou encore petites plantes aquatiques → insectes aquatiques → poissons → chélydre serpentine.

Comme la plupart des plantes et beaucoup d'animaux sont mangés par plus d'une espèce, les chaînes alimentaires simples se recoupent souvent, formant des réseaux alimentaires. L'illustration ci-dessous représente un tel réseau alimentaire.

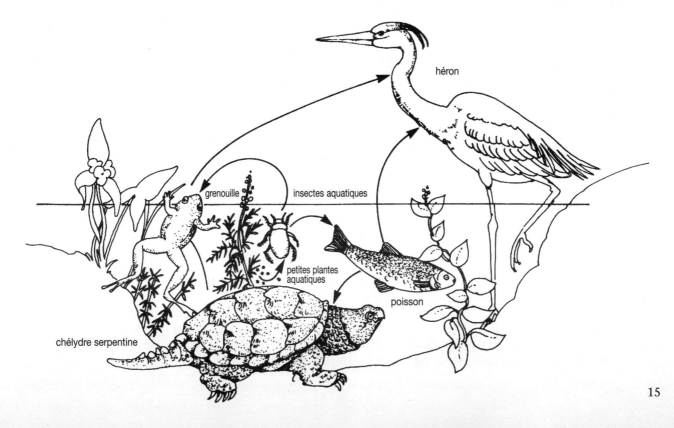

héron

grenouille

insectes aquatiques

petites plantes aquatiques

poisson

chélydre serpentine

Activités

1. Proposez à vos élèves de représenter des chaînes alimentaires à l'aide de maillons de papier. Voici neuf chaînes alimentaires possibles. Utilisez du papier de bricolage d'une couleur différente pour chaque chaîne. Taillez un nombre suffisant de maillons d'environ 5 cm x 15 cm. Sur chaque maillon, inscrivez le nom de la proie et collez son image, découpée à même des photocopies de la fiche d'activité 8. Veillez à faire suffisamment de copies pour que chaque élève puisse faire sa propre chaîne. Inspirez-vous, au besoin, de la fiche d'activité 9.

2. Une fois que tous les élèves auront fait leur chaîne, demandez-leur de constituer des réseaux. Pour ce faire, ils doivent trouver un maillon semblable à l'un des leurs mais sur un papier de couleur différente. Suspendez quelques-uns de ces réseaux et de ces chaînes au plafond de la classe. Vos élèves retiendront mieux les deux notions de chaîne et de réseau alimentaire s'ils les voient concrètement représentées.

> **QUELQUES EXEMPLES DE CHAÎNES ALIMENTAIRES**
>
> plante en décomposition → ver de terre → jeune merle américain → couleuvre rayée
>
> plante → limace → jeune couleuvre brune → couleuvre tachetée
>
> plante en décomposition → ver de terre → tortue des bois
>
> plante → escargot → tortue musquée
>
> plante → criquet → couleuvre verte
>
> plante → coléoptère → scinque pentaligne → raton laveur
>
> petite plante aquatique → insecte → petit poisson → chélydre serpentine
>
> petite plante aquatique → insecte → jeune tortue musquée → ouaouaron → héron
>
> plante → limace → couleuvre à ventre rouge

LEÇON 5

Prédateurs et proies

Les reptiles se nourrissent d'une grande variété d'aliments allant de minuscules insectes à de petits mammifères et même à des mammifères d'une certaine taille. Certaines tortues et certains lézards sont herbivores, c'est-à-dire qu'ils ne mangent que des végétaux. Les serpents et les crocodiliens sont carnivores et se nourrissent de chair (de viande). Les uns et les autres sont importants parce qu'ils contribuent à maintenir l'équilibre de la nature dans leur écosystème. Même s'ils savent se défendre, beaucoup de reptiles sont la proie d'autres animaux. Les oeufs et les jeunes, en particulier, sont des proies faciles pour les ratons laveurs, les mouffettes, d'autres reptiles, des poissons et des oiseaux. Les grands reptiles comme les crocodiliens, les chélydres serpentines adultes et les grands serpents n'ont pas d'ennemi naturel et ne sont détruits que par les humains.

Activités

1. Distribuez les fiches d'activité 10a), 10b) et 10c) et demandez à vos élèves d'identifier le plus possible d'animaux et de plantes. Ils peuvent même inscrire les noms sur leurs feuilles. Quand ils auront constaté qu'un grand nombre d'espèces sont soit les prédateurs, soit les proies des reptiles, demandez-leur comment ils pensent que ces derniers modifient leur écosystème. Que risquerait-il d'arriver si tous les reptiles disparaissaient?

2. Demandez à vos élèves d'écrire un poème ou une courte histoire faisant intervenir au moins quatre des espèces illustrées sur leurs fiches d'activité 10.

Qui mange les reptiles?

certaines tortues

héron

raton laveur

buse à queue rousse

renard

ouaouaron

corneille

étourneau

geai

vison

poisson

grande couleuvre tachetée

couleuvre agile

mouffette

pie-grièche

Que mangent les reptiles?

oeufs d'oiseau

salamandre

jeune lapin

baies

écureuil

grenouille

chenille

campagnol des champs

jeune serpent

criquet

têtard

punaise

mouche

tamia

corise

coléoptère terrestre

Que mangent les reptiles?

oisillon

poisson

crapaud

algue

souris

lentilles d'eau

écrevisse

ver de terre

plantes aquatiques

fleur

cadavres d'animaux

sangsue

escargot

araignée

limace

CHAPITRE TROIS

Se maintenir en vie

Les reptiles mangent une grande variété de plantes et d'animaux. Comment certains serpents font-ils pour avaler des oeufs ou des souris plus gros que leur tête? Comment les tortues, qui n'ont pas de dents, réussissent-elles à croquer des écrevisses et des oiseaux? Et d'abord, comment font tous ces reptiles pour attraper leurs proies?

LEÇON 6

Trouver à manger

La tortue-alligator, qui est la plus grosse tortue d'eau douce au monde, attire les poissons en ouvrant largement sa mâchoire et en agitant un long appendice rose qu'elle a sur la langue. Le poisson s'approche, croyant avoir trouvé un ver, et se retrouve brusquement pris entre les énormes mâchoires.

Dans l'ensemble, les serpents ne dépensent pas beaucoup d'énergie pour vivre, et c'est pourquoi ils n'ont pas besoin de manger constamment. En effet, ils n'ont pas, comme les animaux à sang chaud, besoin de brûler beaucoup d'énergie simplement pour se réchauffer ou se rafraîchir. S'ils trouvent d'un coup une grande quantité de nourriture, ils peuvent s'en gorger, puis laisser ensuite passer beaucoup de temps avant de chercher un autre repas.

Habituellement, les serpents chassent à l'affût et prennent leur proie par surprise. La couleuvre obscure grimpe même aux arbres surprendre les oisillons dans leur nid, tandis que la couleuvre à nez plat se sert de son museau retroussé comme d'une pelle pour déterrer du sol sablonneux où ils se cachent les crapauds dont elle se régale. Certaines espèces saisissent leur victime et l'avalent vivante tandis que d'autres, comme la couleuvre obscure et le boa caoutchouc, s'enroulent autour de leur proie et la serrent jusqu'à l'étouffer. Les serpents venimeux comme les crotalidés utilisent du venin pour paralyser et tuer leur proie avant de la manger. Quand ils ouvrent la bouche, deux crochets évidés se redressent et s'enfoncent dans la chair de la victime où ils injectent le venin comme ferait une seringue.

Comme leurs dents ne sont guère faites pour mâcher, les serpents avalent leurs proies tout rond. La couleuvre à nez plat possède deux dents spéciales qui lui servent à crever la peau du crapaud quand ce dernier se gonfle d'air afin de se faire trop volumineux pour être avalé.

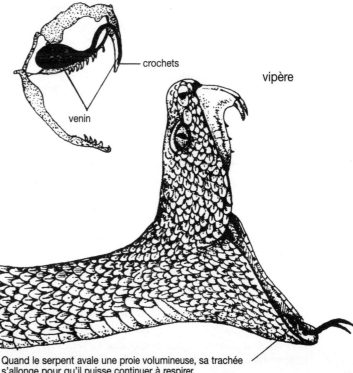

crochets

venin

vipère

Quand le serpent avale une proie volumineuse, sa trachée s'allonge pour qu'il puisse continuer à respirer.

Les serpents mangeurs d'oeufs ont une série d'os pointus dans la gorge. Tandis que l'oeuf descend dans l'œsophage, ces pointes scient la coquille; celle-ci finit par s'ouvrir en libérant son contenu qui s'écoule vers l'estomac; le serpent recrache alors les débris de la coquille.

Comment le serpent réussit-il à ouvrir la gueule suffisamment grand pour avaler un oeuf ou une souris plus gros que sa propre tête? Vous voyez-vous en train de gober un hamburger deux fois gros comme votre tête? C'est que la mâchoire du serpent est articulée de telle sorte qu'elle peut s'étirer.

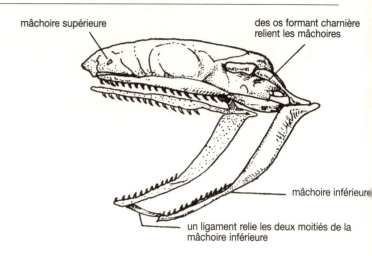

mâchoire supérieure

des os formant charnière relient les mâchoires

mâchoire inférieure

un ligament relie les deux moitiés de la mâchoire inférieure

Activités

1. Pour leur faire comprendre comment fonctionne la mâchoire du serpent, demandez à vos élèves d'ouvrir la bouche aussi grand que possible. Faites-leur tâter leur mâchoire pour trouver le point où la mâchoire inférieure s'articule sur la mâchoire supérieure. Expliquez-leur que c'est cette articulation qui les empêche d'ouvrir plus grand.

2. Faites en classe un relevé des aliments qu'on peut arriver à manger tout rond — un oeuf, une pomme, un beigne, une pastèque? Par rapport à la taille de notre tête, nous ne pouvons faire entrer que des objets relativement petits.

3. Amenez en classe une pince à épiler, une pince (outil) et quelques noix de Grenoble. Demandez à vos élèves d'imaginer que la pince à épiler représente leur propre bouche et l'autre pince, la gueule d'un serpent. Demandez-leur alors d'« avaler » la noix tout entière avec ces instruments. Avec la pince à épiler, ils devraient n'être capables que de « mordre » le bout de la noix — comme quand on grignote. La pince, elle, s'ouvrira assez pour « engloutir » toute la noix. Demandez à vos élèves de dire ce qu'ils ont observé et comment cela explique le fonctionnement de la mâchoire du serpent.

4. Si vous avez un casse-noix, demandez aux élèves de briser quelques noix. Le casse-noix représente la mâchoire édentée mais très puissante des tortues qui utilisent leur bec corné et leurs mâchoires pour déchirer et écraser les aliments avant de les avaler.

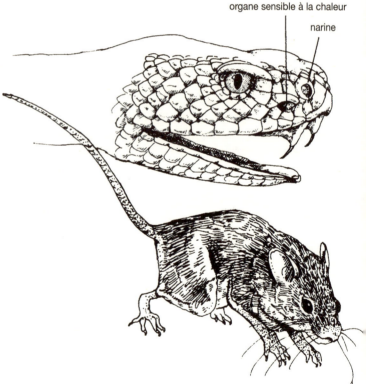

organe sensible à la chaleur

narine

5. Les crotalidés, dont font partie le crotale (ou serpent à sonnette), le mocassin à tête cuivrée et le mocassin d'eau, ont de chaque côté de la tête, entre la narine et l'oeil, une fossette sensible à la chaleur. Cet organe permet au serpent de localiser sa proie, même dans le noir, en détectant la moindre variation de température. En effet, quand un animal à sang chaud, une souris par exemple, se trouve dans les parages, la chaleur de son corps sera immédiatement détectée par les organes du serpent.

Jouez, dans la classe ou à l'extérieur, à une variante du jeu de colin-maillard. Un élève fait le serpent et un autre, la souris. Bandez les yeux du serpent et placez la souris dans un endroit dégagé, choisi d'avance. Le serpent peut marcher, ramper, ou se traîner sur le ventre. Il essaie de trouver la souris et de la toucher. Le reste de la classe indique seulement « tu chauffes » quand le serpent se rapproche de sa proie et « tu refroidis » quand il s'en éloigne. Ces indications correspondent aux signaux que ses organes envoient au crotalidé. Quand la souris est prise, on recommence avec un autre serpent et une autre souris.

Se défendre

Les tortues, les serpents et les lézards constituent un maillon intermédiaire dans la chaîne alimentaire de beaucoup d'autres animaux qui en font donc leurs proies. Comment ces reptiles se défendent-ils contre leurs prédateurs? Ils ont un certain nombre de moyens plutôt intéressants comme du venin, une odeur repoussante ou même, une queue qui se détache.

Les tortues ont une carapace dure qui protège leur corps, même si quelques espèces seulement — tortue tabatière, tortue musquée, tortue mouchetée — ont un plastron (partie ventrale de la carapace) articulé qui permet à l'animal de rentrer ses pattes et sa tête et de refermer ensuite les ouvertures. Un moyen de défense très efficace commun à toutes les tortues d'Amérique du Nord est leur capacité de rentrer leur tête dans leur carapace en repliant leur cou en forme de S dans le plan vertical. Elles peuvent le faire parce que leur cou compte huit vertèbres (au lieu de sept comme celui des mammifères), ce qui le rend plus flexible. En plus, les muscles du cou sont particulièrement souples et la peau peut s'étendre ou se rétracter en suivant les muscles.

Certaines tortues, notamment la tortue musquée, qui est la plus petite des tortues d'eau douce d'Amérique du Nord, sont capables, une fois adultes, d'exhaler une forte odeur de musc qui repousse les prédateurs. En outre, elles ont des mâchoires puissantes et peuvent infliger de douloureuses morsures. Grâce à son long cou, la tortue molle à épines peut se retourner pour mordre celui qui essaie de la prendre. La chélydre serpentine aussi peut tourner la tête suffisamment loin pour mordre dans son dos.

Quand elle est sur terre et qu'elle doit se défendre, la chélydre serpentine essaie d'effrayer l'ennemi en claquant des mâchoires et même en mordant, au besoin, ce qui explique le nom de « tortue hargneuse » qu'on lui donne parfois.

Si les tortues adultes ont une bonne armure, il en va autrement des bébés tortues pendant leur première année: elles sont toute petites et leur carapace est encore tendre. Elles sont donc des proies faciles et passent souvent leur première année de vie à se cacher le long de la berge boueuse des cours d'eau, dans les racines des plantes semi-aquatiques où elles peuvent se nourrir sans être vues.

Chez les serpents aussi, ce sont les jeunes qui courent le plus de risques de la part de leurs prédateurs parmi lesquels se trouvent même des serpents adultes! Leur moyen de défense, c'est leur vitesse. Quand on les dérange, les serpents disparaissent rapidement dans les broussailles ou les herbes hautes.

Le camouflage, qui est l'art de se confondre avec l'environnement, est un autre moyen d'échapper aux prédateurs. Par exemple, la couleuvre verte est quasiment invisible dans l'herbe verte et l'anolis (un lézard) prend la couleur de son décor. La chélydre serpentine, quant à elle, laisse pousser sur sa carapace des algues, des champignons et des moisissures qui lui servent de camouflage.

Beaucoup de serpents adultes, notamment la couleuvre d'eau, la couleuvre fauve et la couleuvre rayée, quand ils se sentent en danger, émettent une odeur musquée dans l'espoir de repousser leur ennemi. D'autres imitent des espèces dangereuses, se redressent et sifflent pour effrayer celui qui les dérange. La couleuvre fauve se dresse et fait vibrer sa queue comme le crotale (serpent à sonnette), et

projette la tête en avant comme pour mordre. La couleuvre à nez plat, qui est tout à fait inoffensive, imite, quant à elle, le cobra. Quand son numéro n'a pas d'effet, elle se laisse tomber sur le dos et fait le mort dans l'espoir que son ennemi s'en détournera et la laissera tranquille.

Certaines sous-espèces méridionales de la couleuvre tachetée se sont adaptées de manière à ressembler au serpent corail qui est très venimeux. On appelle mimétisme ce genre d'imitation. Les prédateurs reconnaissent la couleur et les marques du serpent corail et, les associant à l'idée de danger, ils ont tendance à laisser tranquille celui qui les porte.

Certaines espèces non venimeuses, notamment les couleuvres à nez plat, noire, obscure et tachetée, mordent pour se défendre, même si leurs dents sont avant tout faites pour maintenir les proies, non pour servir d'armes.

Les serpents venimeux possèdent, comme leur nom l'indique, l'arme défensive parfaite — leur venin. Sans doute destiné avant tout à paralyser les proies, le venin est aussi une arme défensive efficace. Rares sont les serpents qui injectent suffisamment de venin pour tuer d'un coup un gros animal, mais il n'en reste pas moins essentiel de traiter toute morsure. Le sérum antivenimeux est un moyen efficace de combattre les effets du venin. On trouve en Amérique du Nord l'un des deux seuls lézards venimeux au monde, l'héloderme, aussi appelé monstre de Gila.

Couleuvre à nez plat
imitant le cobra

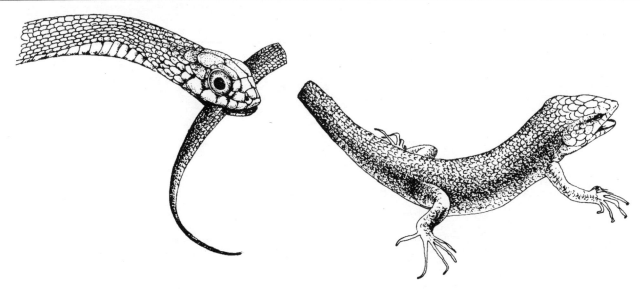

Les scinques et les geckos, comme la plupart des lézards, disposent d'un moyen tout à fait surprenant d'échapper à leurs prédateurs. Leurs petites dents leur suffisent pour se nourrir, mais sont incapables d'infliger de vraies blessures à un prédateur de bonne taille. Par contre, leur queue comporte un certain nombre de plans de fracture, c'est-à-dire d'endroits où la queue peut se séparer par mutilation réflexe, un stratagème qui distrait l'ennemi. Ainsi, le prédateur attaque volontiers la queue bleue vif du jeune scinque, mais celle-ci se détache et continue à se tortiller. Pendant que l'attention du prédateur s'attarde sur ce bout de queue, le scinque se dépêche d'aller se mettre à l'abri. Normalement, chez le jeune scinque, la queue repousse parfaitement, mais chez l'adulte, elle repousse plus courte. On peut reconnaître une queue qui a repoussé parce que sa couleur et sa texture sont un peu différentes du reste du corps.

Quelques gros lézards, notamment le monstre de Gila, sont capables de mordre pour se défendre, car leurs mâchoires sont puissantes.

Activité

À partir des informations contenues dans la leçon, discutez avec vos élèves des différents moyens de défense qu'utilisent les reptiles. Faites-leur dresser un tableau résumant les différents moyens dont les divers reptiles disposent pour réagir à une attaque. Exemple :

MOYEN DE DÉFENSE	TYPE DE REPTILE		
	Serpent	Tortue	Lézard
Mâchoires ou dents coupantes	✔	✔	✔
Odeur musquée	✔	✔	
Cache sa tête dans sa carapace		✔	
Venin	✔		✔
Fuite rapide	✔		✔
Carapace dure		✔	
Fait le mort	✔		
Prend l'air dangereux	✔	✔	
Abandonne sa queue			✔

CHAPITRE QUATRE

Se déplacer

Selon le milieu dans lequel ils vivent, les reptiles ont développé différents moyens de se déplacer. Ainsi, les serpents du désert se déplacent différemment de ceux qui vivent dans l'herbe, et les tortues marines ont des pattes aplaties en rames pour se déplacer dans l'eau, tandis que les tortues terrestres ont des pattes fortes, rondes comme des poteaux, pour marcher sur le sol. Les tortues marines, comme la tortue imbriquée, ont aussi la carapace plus légère que les tortues terrestres, ce qui les aide à nager.

Certains lézards, notamment les geckos, ont les doigts faits de telle façon qu'ils collent aux murs et aux plafonds. Les larges coussinets de ces doigts, bordés de soies minuscules, font office de ventouses et permettent aux geckos d'adhérer à n'importe quelle surface. D'autres lézards ont, au bord des doigts, une espèce de frange d'écailles qui leur tient lieu de raquettes et leur évite d'enfoncer dans le sable du désert où ils vivent. Le basilic (ou lézard Jésus-Christ) d'Amérique du Sud est même capable de courir à la surface de l'eau grâce à ses longs doigts frangés !

Les crocodiliens sont faits pour se déplacer sur terre comme dans l'eau. Leurs pattes courtes aux longs doigts les aident à marcher et même à courir sur terre, tandis que leur corps long et étroit est parfaitement adapté à la nage. Quand il est dans l'eau, le crocodile se propulse en agitant latéralement sa longue queue puissante et il utilise ses pattes de derrière comme gouvernail.

À part quelques rares lézards apodes, les serpents sont les seuls reptiles dépourvus de pattes, et la façon dont ils se déplacent est très intéressante à étudier. Comme les humains, les serpents — et tous les autres reptiles — sont des vertébrés, ce qui signifie qu'ils possèdent une colonne vertébrale. Demandez à vos élèves de tâter leur colonne vertébrale. Mais tandis que la colonne vertébrale des humains est constituée de 32 vertèbres, celle des grands serpents peut en compter jusqu'à 500 ! Plus le serpent possède de vertèbres, plus son dos est souple, et mieux il est capable de se déplacer.

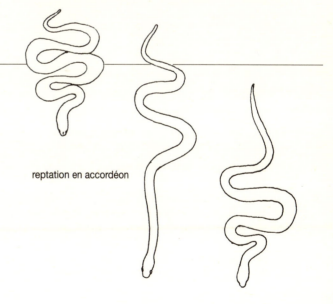

reptation en accordéon

LEÇON 8

Comment se déplacent les serpents

Les serpents ont plusieurs façons de se déplacer, en ondulant, en rampant, en se pliant en accordéon et en ondulant latéralement.

L'ondulation latérale est le mouvement le plus fréquent. Le serpent pousse de côté en prenant appui sur une aspérité, un caillou par exemple. Depuis la tête jusqu'à la queue, chaque paire de côtes l'une après l'autre prend appui sur l'objet fixe et propulse l'animal en avant.

ondulation latérale

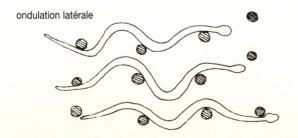

La reptation en accordéon permet au serpent d'avancer dans de petits espaces. Le serpent replie son corps sur lui-même, trouve une prise pour sa queue et déplie son corps vers l'avant. Il trouve alors une prise pour l'avant de son corps et ramène sa queue.

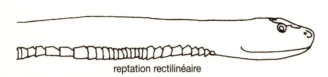

reptation rectilinéaire

La reptation rectilinéaire met en jeu deux ensembles de muscles rattachés aux larges écailles ventrales. En tendant et en relâchant alternativement ces deux ensembles de muscles, le serpent glisse d'abord ses écailles vers l'avant sur le sol, puis en ancre le bord arrière dans le sol et tire son corps en avant. Ces mouvements des écailles et des muscles se produisent en même temps, tout le long du corps.

Le dernier mouvement, le déroulement latéral, est très efficace dans le sable du désert ou sur une surface brûlante. Le crotale cornu qui vit dans le sud-ouest des États-Unis est un champion de ce style. Le serpent commence par arquer légèrement le dos et projette la tête vers l'avant, de côté. Au moment où la tête touche le sol, la partie postérieure du corps se soulève à son tour et se projette de côté, la queue servant de point d'appui ; puis la tête se déplace de nouveau. C'est cette succession de projections en avant et de replis

ondulants qui propulse le serpent très rapidement et en biais sur le sable, tout en lui évitant au maximum le contact avec le sable chaud.

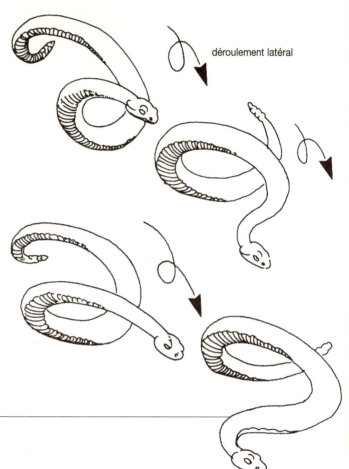

déroulement latéral

Activités

1. Photocopiez et distribuez la fiche d'activité 11, pour que les élèves puissent voir les différents mouvements pendant que vous en parlez.

2. En suivant les indications de la fiche d'activité 12, construisez un serpent à partir de tubes de papier hygiénique et d'attaches parisiennes.

   Matériel à prévoir :
   tubes de papier hygiénique
   ciseaux
   pince à perforer
   attaches parisiennes
   carton mince (chemises ou autre)
   ruban adhésif
   crayons ordinaires, crayons feutres ou peinture
       et pinceaux
   illustrations de serpents pour servir de modèles

CHAPITRE CINQ

Les cinq sens

Avant de voir comment les reptiles perçoivent leur environnement au moyen de leurs sens, les élèves doivent comprendre comment eux-mêmes le font. Commencez donc la leçon par l'activité suivante, avant de leur faire voir comment les serpents, les tortues et les lézards ont des capacités sensorielles semblables à celles des humains ou, au contraire, différentes.

Activité

Divisez vos élèves en groupes de quatre. Écrivez au tableau le mot « croustille », puis donnez à chaque élève quelques croustilles. Donnez ensuite aux groupes cinq minutes pour écrire le maximum de mots qu'ils peuvent trouver pour décrire une croustille. Dans chaque groupe, un rapporteur lira à toute la classe la liste composée par son groupe. Inscrivez au tableau tous les mots mentionnés pour la première fois.

Demandez ensuite aux élèves de vous aider à regrouper les mots en cinq catégories correspondant aux cinq sens : goût, ouïe, odorat, toucher et vue. Il est possible qu'une catégorie manque, spécialement l'ouïe, à moins que quelqu'un n'ait mentionné craquant ou croustillant. Si l'un des sens est absent, essayez de faire trouver lequel. Il est également possible que vos élèves proposent des mots relatifs à autre chose, par exemple à la fabrication des croustilles. Classez-les dans une catégorie « divers », puis laissez-les de côté, en expliquant aux élèves que ce qui vous intéresse, ce sont les sens.

LEÇON 9

Le goût

Habituellement le sens du goût et celui de l'odorat vont de pair. Avez-vous remarqué comme les aliments semblent insipides quand on a le nez bouché à cause d'un gros rhume ? Les tortues ont le goût très aiguisé, tandis qu'on en sait très peu sur celui des serpents. La langue des serpents, qui leur est si importante pour saisir les odeurs, est apparemment incapable de goûter quoi que ce soit. Le monstre de Gila, par contre, se fie fortement à son sens du goût pour chasser. On sait que ce gros lézard suit ses proies à la trace en détectant leur odeur sur le sol grâce à sa longue langue épaisse.

LEÇON 10

L'ouïe

Avez-vous vu l'oreille d'une tortue ? Non, car la tortue n'a pas d'oreille externe, seulement une membrane tendue sur l'orifice du conduit auriculaire. Jusqu'à très récemment, on croyait qu'elle ne pouvait pas entendre les sons, qu'elle ne pouvait que sentir les vibrations. On sait désormais que la tortue entend aussi bien que le chat. Certains propriétaires de tortues prétendent même que leur petit compagnon répond à l'appel de son nom !

Les tortues, comme les humains, entendent les ondes sonores. Les serpents, quant à eux, « entendent » en percevant des vibrations. Ils n'ont pas d'oreille ouvrant sur l'extérieur. Chez eux, le son se transmet le long de la mâchoire jusqu'à une « oreille » interne qui capte les vibrations ; le cerveau interprète ensuite ces vibrations.

Activité

Frappez un diapason contre votre bureau (en bois, pas en métal). En tenant l'instrument par son manche (veillez à ne pas toucher les branches), approchez-le de votre oreille et écoutez. Frappez-le de nouveau contre le bureau mais, cette fois, appuyez le bout du manche fermement contre votre mâchoire. Que constatez-vous ? Après avoir fait la démonstration, laissez vos élèves se rendre compte par eux-mêmes.

Faites le rapprochement entre ce que vos élèves observent et la façon dont le serpent « entend ».

Demandez à vos élèves d'expliquer, à partir de ce qu'ils ont appris sur le sens de l'ouïe du serpent, comment travaille un charmeur de serpents. Le charmeur de serpents joue de la flûte tout en se balançant d'avant en arrière devant un panier qui contient un serpent — un cobra, bien souvent. Tandis que le charmeur joue, le serpent se dresse hors du panier et se met à se balancer au rythme de la musique.

Réponse : Le serpent n'entend pas la musique. Il se balance en fonction des mouvements du charmeur, non pas des notes de musique.

L'odorat

Chez beaucoup d'animaux, l'odorat joue un rôle capital en ce qu'il permet de chasser et de manger les « bons » aliments. Par exemple, la couleuvre royale, qui se nourrit principalement d'écrevisses jeunes ou fraîchement muées, chasse à l'odorat beaucoup plus qu'à la vue. Les tortues, les lézards et les serpents sont tous dotés d'un odorat extrêmement subtil. Les tortues avalent de l'air par la bouche pour sentir leur environnement. Les serpents et les lézards aussi ont une façon de sentir différente de la nôtre : avec la langue !

Avez-vous déjà eu peur en voyant un serpent ou un lézard tendre sa langue dans votre direction, la rentrer et recommencer ? Vous êtes-vous déjà demandé pourquoi cette langue est fourchue ? Cette langue fourchue qui rentre et qui sort est absolument inoffensive. Elle permet au serpent de « sentir » l'air, pour savoir où il se trouve et quels autres animaux se trouvent dans les parages. Le bout de la langue capte des molécules d'odeur et les transporte jusqu'à l'organe de Jacobson, constitué de deux petites cavités qui s'ouvrent dans le palais de l'animal. L'organe de Jacobson à son tour envoie des signaux au cerveau qui interprète ce que la langue a « senti ».

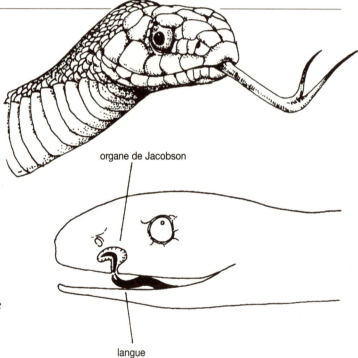

organe de Jacobson

langue

Le toucher

Demandez à un élève de venir en avant et de se tenir debout, dos à ses camarades. À l'insu de cet élève, demandez à un autre de lui lancer gentiment une gomme ou autre objet léger. Quelle est la réaction de l'élève-cible ? Sa première réaction est habituellement de se retourner aussitôt, pour voir qui a lancé quoi. À la différence des humains, et à cause de leur carapace, les tortues ne sont ni rapides, ni agiles. Elles ne peuvent se retourner instantanément. C'est pourquoi elles doivent se fier largement à leur sens très aigu du toucher pour comprendre ce qui les frappe ou frotte contre leur corps.

Serpents et lézards sont également très sensibles au toucher sur toute la longueur de leur corps, malgré leur peau épaisse et écailleuse.

La vue

La vue est, pour les reptiles, un sens important puisque c'est essentiellement lui qui leur sert à chasser. Les crocodiliens ont les yeux et les narines situés sur le dessus de la tête, ce qui leur permet de rester cachés dans l'eau en ne faisant dépasser que les yeux, pour surveiller les proies, et les narines, pour respirer. Les tortues ont de bons yeux et sont capables de distinguer le rouge, le jaune, le vert, le bleu et le violet. Contrairement aux serpents, les tortues et la plupart des lézards ont des paupières mobiles et peuvent cligner des yeux.

Dépourvus de paupières, les serpents ne peuvent ni cligner des yeux, ni les fermer. Leurs yeux sont recouverts d'une écaille mince et transparente appelée lunette. Leur vision est en général assez mauvaise, mais ils voient bien de près et réagissent rapidement au mouvement. La plupart des serpents et des lézards ont les yeux situés sur le côté de la tête, ce qui leur permet de regarder dans des directions différentes et de voir des choses différentes avec chaque oeil ; c'est ce qu'on appelle une vision monoculaire. Or, la vision monoculaire est utile pour voir à deux endroits en même temps, mais elle ne permet pas d'évaluer la profondeur ou la distance aussi précisément que ne le fait la vision binoculaire ou convergente qui est celle des humains.

Le gecko, qui chasse de nuit, a d'énormes yeux aux pupilles dilatées qui lui permettent de voir dans l'obscurité. Dans la journée, alors qu'il se repose, ses pupilles se referment jusqu'à ne plus laisser pénétrer qu'un minuscule rayon de lumière, protégeant ainsi l'oeil des rayons brillants du soleil. À la différence des autres lézards, et à l'exception de quelques rares espèces précisément appelées «geckos à paupières», le gecko n'a pas de paupières. Il se nettoie les yeux en les léchant avec sa longue langue plate.

CHAPITRE SIX

La famille

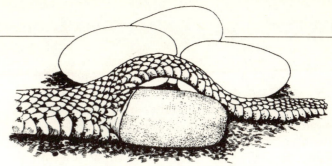

Serpent femelle en train de pondre

Vous avez sans doute entendu parler du mystérieux instinct qui pousse les saumons à parcourir de longues distances pour remonter frayer à l'endroit où ils sont nés, mais savez-vous que beaucoup de tortues font la même chose? Qu'est-ce qui pousse la chélydre serpentine à traverser un lac à la nage, à remonter un cours d'eau, à escalader les clôtures de grillage ou à traverser les routes à grande circulation? La nécessité de retourner à son lieu de ponte traditionnel.

L'incroyable odyssée des tortues vertes (ou tortues franches) est encore plus extraordinaire. Tous les trois ans, ces grandes tortues de mer quittent en grand nombre leurs aires d'alimentation, au large de la côte du Brésil, et parcourent à la nage plus de 2000 km pour s'accoupler et pondre sur l'île de l'Ascension, au milieu de l'Atlantique sud. Les femelles sortent alors de nuit sur la plage et creusent dans le sable un trou de près de 60 cm de profondeur où elles pondent une centaine d'oeufs qu'elles recouvrent de sable. Chaque femelle recommence toute l'opération jusqu'à cinq fois au cours de la saison de reproduction, après quoi elles retournent au Brésil. Quand les petits éclosent, au bout de sept à dix semaines et, habituellement, à la faveur de la nuit qui les protège un peu des prédateurs que sont les oiseaux, les crabes, les pécaris et les coatis, ils doivent escalader les parois du nid. Instinctivement, les nouveau-nés savent quelle direction prendre pour gagner la mer et des multitudes de minuscules tortues se dépêchent de leur mieux vers l'océan.

Certains reptiles (les tortues et une partie des serpents et des lézards) pondent des oeufs; d'autres (une partie des serpents et des lézards) donnent naissance à des petits complètement formés. L'oeuf de reptile est gros et recouvert d'une enveloppe, soit calcaire, soit à consistance de cuir, qui limite la

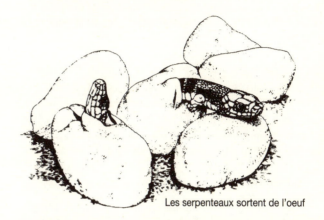

Les serpenteaux sortent de l'oeuf

déperdition d'eau. Cette protection permet aux reptiles de pondre sur la terre ferme, tandis que les amphibiens, dont les oeufs sont dépourvus de coquille, doivent pondre en milieu humide. De bonnes dimensions, l'oeuf offre une grande quantité de nourriture au petit qui se développe.

Cela permet à l'embryon d'atteindre un stade de développement avancé avant l'éclosion, de sorte que le nouveau-né ressemble à un adulte en plus petit, capable de se nourrir et de mener sa vie tout comme ses parents. Ayant atteint leur plein développement avant l'éclosion, les reptiles n'ont pas besoin de subir de métamorphoses comme le font les amphibiens. Les tortues, ainsi que la plupart des lézards et des serpents, ne s'occupent ni de leurs oeufs, ni de leurs petits; ceux-ci doivent se débrouiller seuls dès leur naissance. Néanmoins, les femelles des scinques restent habituellement près de leurs oeufs jusqu'à l'éclosion et défendent activement leurs nids contre les intrus.

Au commencement, l'oeuf

Toutes les tortues pondent des oeufs. La plupart des tortues d'eau que l'on rencontre sur terre sont des femelles à la recherche d'un lieu de nidification; c'est pourquoi il ne faut pas les déranger. Une fois

qu'elle a trouvé l'endroit que lui dicte sa race, la femelle creuse avec ses pattes de derrière un trou globulaire, dans le sable ou la terre. Elle s'installe ensuite au-dessus du trou et pond — jusqu'à cinquante oeufs chez certaines chélydres serpentines. Dans certaines espèces, la femelle place ses oeufs à l'aide de ses pattes de derrière et tasse doucement de la terre autour d'eux. Ensuite, elle referme le nid et tasse le sol puis, pour éviter d'attirer les prédateurs tels que ratons laveurs et mouffettes, elle peut soit ratisser la surface du sol pour effacer toute trace de son passage, soit aplanir la surface à l'aide de son plastron, soit remuer le sable tout autour pour dissimuler l'endroit précis de la ponte.

Une fois qu'elle a fini de pondre, la femelle quitte les lieux et ne s'occupe plus ni des oeufs, ni des petits qui peuvent en sortir. Chez les tortues, le sexe n'est pas déterminé dès la conception comme chez les humains, mais dépend de la température à laquelle se fait l'incubation. Dans certaines espèces par exemple, une température de 30 °C produira des femelles et une température de 25 °C, des mâles.

Au bout de deux à trois mois, les petites tortues, de la taille d'une pièce de 25 cents, commencent à éclore.

Elles brisent leur coquille à l'aide d'une « dent » spéciale appelée « diamant » ou « dent de l'oeuf » qui tombe peu après. Une fois sorties de l'oeuf, les petites tortues doivent s'extraire du nid et chercher l'habitat qui leur convient. Les tortues aquatiques, par exemple, doivent gagner l'eau. À ce stade de leur développement, elles sont extrêmement vulnérables, car leur carapace est encore molle. La plupart seront victimes de prédateurs, mais les quelques-unes qui réussiront à survivre passeront leur première année près de la rive, à se nourrir dans la vase et les racines des plantes, hors de vue de leurs ennemis.

Le serpent mâle, une fois qu'il a repéré une femelle à l'odeur et qu'il s'est accouplé avec elle, lui abandonne le soin de trouver l'endroit chaud et abrité où elle va pondre. Elle choisit en général, pour y déposer ses oeufs blanchâtres recouverts d'une peau épaisse, un tronc en décomposition, des feuilles mortes ou un terrier. La ponte varie de sept à soixante oeufs, selon l'espèce et l'état de santé de la femelle. Parmi les serpents qui pondent des oeufs — on les qualifie d'« ovipares » — on compte les couleuvres à nez plat, à collier, verte, agile, fauve, obscure et tachetée. Certains serpents ovipares font incuber partiellement leurs oeufs à l'intérieur de

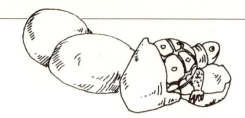

leur corps pendant près d'un mois, en s'étendant au soleil. C'est le cas de la couleuvre verte qui peut garder ainsi sa ponte pendant plus d'un mois. La température élevée accélère le développement de l'embryon, de sorte que le temps d'incubation après la ponte s'en trouve réduit. Comme les tortues naissantes, les serpenteaux ont une dent temporaire qui leur sert à percer leur coquille.

Ce ne sont cependant pas tous les serpents qui pondent des oeufs; plusieurs espèces donnent naissance à des petits parfaitement développés; c'est le cas des couleuvres brune, à ventre rouge, d'eau, royale, rayée, mince, ainsi que du boa caoutchouc, du massasauga et des crotales que l'on qualifie d'« ovovivipares ». La femelle porte dans son système reproducteur des oeufs à membrane transparente qui contiennent les serpenteaux. Quand ceux-ci sont prêts à éclore, la femelle expulse sa portée et les jeunes sortent immédiatement de leur enveloppe. On sait que la couleuvre rayée peut porter jusqu'à 85 petits à la fois, mais dans nos régions, la portée moyenne compte moins de 30 et même souvent moins de 20 serpenteaux.

À la différence des tortues et de la plupart des serpents, les scinques femelles restent près de leurs oeufs jusqu'à l'éclosion. Elles pondent habituellement de 6 à 10 petits oeufs blancs sur un lit de feuilles sèches ou encore sous les pierres ou du bois mort. Ces oeufs, enveloppés d'une membrane parcheminée, grossissent en cours d'incubation. À la naissance, les jeunes scinques pentalignes ont la queue d'un bleu vif; cette couleur disparaîtra avec l'âge. On pense que cette queue voyante détourne des parties vitales l'attention des prédateurs, ce qui permet au scinque d'abandonner sa queue en cas de nécessité, pour s'enfuir sans blessure grave.

Les crocodiliens aussi protègent leurs oeufs et leurs petits. La femelle crocodile creuse un nid au sec sur la berge pour y pondre une cinquantaine d'oeufs à coquille dure, blanche et luisante qu'elle dispose en deux ou trois couches. Elle les recouvre ensuite de sable pour les mettre à l'abri des fluctuations de température.

Les alligators bâtissent au-dessus du sol des nids de feuilles, de branchages et de boue, qui forment des monticules d'environ 1,8 m de diamètre et 1 m de hauteur. Au centre de ce monticule, la femelle creuse un trou où elle pond jusqu'à 70 oeufs qu'elle recouvre de feuilles et de branches.

Les mères crocodiliennes défendent habituellement leur nid contre les lézards et autres prédateurs qui convoitent les oeufs. Comme les autres reptiles, les petits crocodiliens ont au bout du museau une petite dent qui les aide à briser leur coquille et qui tombe peu après la naissance. Les petits crocodiliens prêts à éclore émettent des sons que la mère entend. Elle ouvre alors le nid, afin que les petits puissent en sortir. Il arrive que les mères crocodiles prennent leurs petits dans leur gueule pour les transporter jusqu'à l'eau, à l'abri des prédateurs. Les jeunes passent leurs deux ou trois premières années cachés parmi la végétation des berges. Ensuite, ils sont assez grands pour se défendre.

Activités

1. Si les reptiles pondent un si grand nombre d'oeufs à chaque fois, c'est que beaucoup n'arrivent jamais à maturité. Le mauvais temps et les prédateurs peuvent détruire de 50 à 90 % du contenu d'un nid ; donc, plus il y a d'oeufs, plus il y a de chances que quelques-uns arrivent à maturité. Utilisez la fiche d'activité 13, qui combine les sciences naturelles et les mathématiques. Réponses : nid n° 1 : 9 ; nid n° 2 : 12 ; nid n° 3 : 18 ; nid n° 4 : 8 ; 1 : 47 ; 2 : 108 ; 3 : 61 ; 4 : ratons laveurs (15), mouffettes (19), renards (3), visons (6), mauvais temps (18).

2. Invitez vos élèves à inventer d'autres questions relatives à « L'étang aux tortues » ou encore, à faire une maquette de l'étang sur une plaque de contre-plaqué ou de carton. Ils pourraient peindre l'étang en bleu et l'entourer de terre, d'herbe et de brindilles pour créer un décor réaliste, puis faire les animaux en pâte à modeler et les disposer autour de l'étang et dedans.

3. Pour les aider à comprendre en quoi l'incubation des oeufs et l'élevage des petits diffèrent, selon qu'il s'agit d'oiseaux ou de tortues, distribuez à vos élèves la fiche d'activité 14 (Pour plus de renseignements sur les oiseaux, reportez-vous au chapitre six du volume *Découvrons les oiseaux*, dans la même collection).

Quelques réponses possibles :

- Si une mère oiseau héritait d'un oeuf de tortue,
  1. elle n'aurait pas besoin de le couver pour le réchauffer
  2. elle n'aurait pas besoin de le retourner tous les jours
  3. elle devrait creuser un grand trou dans le sable pour y enterrer son oeuf afin qu'il reste au chaud et à l'humidité
  4. elle devrait dissimuler les abords du nid
  5. elle n'aurait pas à surveiller son nid, ni à attendre que son oeuf éclose
  6. elle n'aurait pas à nourrir le petit, ni à s'en occuper

- Si une tortue avait à s'occuper d'un oeuf d'oiseau,
  1. plutôt que d'enterrer son oeuf, elle devrait lui bâtir un nid
  2. elle devrait couver son oeuf pour le garder toujours au chaud
  3. elle devrait faire extrêmement attention à son oeuf, parce que la coquille est fragile et cassante, contrairement à celle de l'oeuf de tortue, qui est souple comme du cuir
  4. elle devrait retourner son oeuf chaque jour
  5. elle et le père tortue devraient défendre le nid contre les pilleurs
  6. elle devrait attendre que l'oeuf éclose

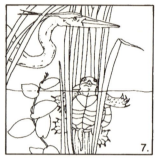

7. elle et le père devraient nourrir le petit, le réchauffer, le défendre et lui apprendre à vivre (à condition qu'il soit nidicole, comme le merle américain)

4. Remettez à chaque élève une fiche d'activité 15 ; il pourra en colorier les illustrations. Demandez aux élèves de découper les huit images, puis de les mettre en ordre afin d'illustrer la préparation du nid, la ponte, l'éclosion et la conduite après l'éclosion. En agrafant ensemble les huit carrés par la marge de gauche, on peut former un livret.

LEÇON 15

La croissance

Demandez à vos élèves ce qui arrive à leur jeans quand eux grandissent. Le pantalon devient de plus en plus serré et court, au point d'en devenir inconfortable. S'ils continuaient à le porter, ils finiraient par le faire éclater. Heureusement que notre peau ne se comporte pas de cette façon. Au fur et à mesure que nous grandissons, elle grandit et s'élargit elle aussi. Chaque jour, nous perdons de petits morceaux de peau morte, sans vraiment nous en rendre compte.

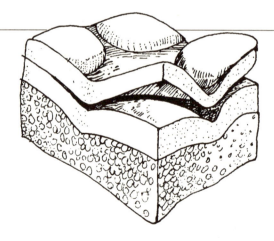

La peau du serpent, au contraire, n'est pas extensible. Au fur et à mesure que le jeune serpent grandit, il doit abandonner sa vieille peau pour une nouvelle qui a poussé en-dessous — juste comme un enfant change un vieux jean trop petit pour un nouveau, plus grand. Les jeunes serpents changent de peau jusqu'à sept fois par an, tandis que les adultes, qui grandissent beaucoup plus lentement, ne le font plus que trois ou quatre fois par an. En effet, les serpents n'arrêtent jamais de grandir, même si leur rythme de croissance ralentit avec l'âge.

Les serpents ont trois couches de peau (*voir* l'illustration). La couche extérieure est très mince et transparente, et c'est la seule qui se détache au cours de la mue. Les écailles dures, qui protègent le corps comme une armure, se forment dans les deux couches du dessous et ne tombent jamais.

34

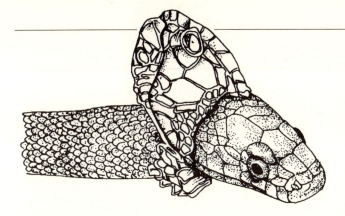

La couche intermédiaire prépare la nouvelle peau et la couche profonde contient la coloration de la peau, qui transparaît à travers les deux couches supérieures.

Quand le serpent a besoin de muer, un liquide laiteux s'infiltre sous la couche extérieure de la peau et la sépare de la nouvelle peau formée en dessous. Ce liquide couvre souvent les yeux du serpent, rendant celui-ci presque aveugle pendant la mue.

À cette période de leur vie, la plupart des serpents se cachent et peuvent être très irritables. Pour sortir de sa vieille peau, le serpent commence par la déchirer en se frottant la tête contre une surface dure. Ensuite, en tendant ses muscles, il étire la peau extérieure et commence à s'en débarrasser en se tortillant. Il finit par se séparer de sa vieille peau qui reste en général d'une seule pièce, mais retournée comme une chaussette. La nouvelle peau est luisante, avec des couleurs et des marques plus nettes que jamais.

Il arrive qu'on ait la chance de trouver une mue de serpent, aussi appelée exuvie, sous du bois mort ou une pierre ou encore, près des fondations d'un vieux bâtiment. Elle est transparente et porte l'empreinte de chaque écaille et chaque pli de la peau du serpent.

Activité

Voici une activité simple et amusante, pour faire comprendre le mécanisme de la mue.

Divisez vos élèves en groupes de six ou sept. Dans chaque groupe, les enfants se placent en ligne, l'un derrière l'autre. Le premier de la file se penche et tend sa main droite par en arrière, entre ses jambes. Le second se penche et saisit la main droite du premier avec sa main gauche, tout en tendant sa propre main droite par derrière entre ses jambes. Tous les membres de la file prennent cette position.

Pour simuler la mue, le premier de la file (il représente la tête du serpent) se met à reculer, jambes écartées, en passant par-dessus les autres (qui se sont accroupis). Une fois que le premier lui

est passé par-dessus, le second se redresse et se met lui aussi à reculer et ainsi de suite, jusqu'à ce que la queue (le dernier de la file) se trouve en tête. Et voilà la mue terminée !

Laissez vos jeunes pratiquer quelques fois pour attraper le truc, puis proposez des variantes :

- faites des courses de vitesse de mue entre les groupes
- recommencez avec un serpent plus long

CHAPITRE SEPT

À la recherche des reptiles

Les reptiles sont des créatures timides, secrètes, et il n'est jamais assuré qu'une sortie d'observation permettra d'en voir, ce qui n'est pas le cas avec les oiseaux ou les insectes. Il vaut sans doute mieux organiser une sortie nature plus générale, tout en privilégiant les habitats propices aux reptiles. Idéalement, il faudrait demander au club de naturalistes, aux services de conservation de la faune ou au centre de la nature de votre région de vous indiquer les «bons endroits». Il est possible qu'ils puissent aussi vous donner le nom de personnes susceptibles de diriger une telle excursion d'observation de reptiles.

LEÇON 16

Dans la nature

Si vous connaissez un endroit regroupant à la fois un marais ou un étang, des champs et des bois, vous aurez des chances de voir des tortues, des serpents et des lézards, dans la mesure où il y en a dans la région où vous habitez. Pour trouver des tortues, il faut chercher sur les troncs ou les roches qui émergent de l'eau. À l'aide de jumelles, balayez la surface de l'eau pour repérer celles qui se chauffent au soleil, avant d'avancer trop près, car les tortues se jettent à l'eau dès qu'on les dérange. À la fin du printemps, on a parfois la chance de voir des tortues en train de pondre le long des routes ou sur les berges sablonneuses des rivières ou des étangs.

Souvent, en marchant dans les champs, les prairies, les boisés ou les terrains rocheux, on tombe par hasard sur un serpent. Vous pouvez aussi chercher sous le bois mort et les roches, ou encore autour des tas de pierres ou des fondations de vieux bâtiments. La couleuvre brune et la couleuvre à ventre rouge se cachent souvent sous du bois mort. N'oubliez pas de replacer ces abris dans la position où vous les avez trouvés, afin de ne pas perturber l'habitat. À ces endroits vous pourriez aussi trouver des peaux — des exuvies — abandonnées après la mue.

Les tas de compost sont un autre endroit que fréquentent les serpents. La chaleur humide que dégagent les matériaux en décomposition est particulièrement favorable à la nidification ou à l'établissement de repaires.

Les serpents fréquentent aussi les endroits où l'on garde les déchets, parce qu'ils savent que les souris s'y nourrissent et surtout, qu'ils y trouveront beaucoup d'endroits où s'abriter et se chauffer.

Les lézards vivent dans le même genre d'endroits que les serpents, mais beaucoup sont nocturnes. Enfin, pour observer des reptiles, n'oubliez pas des endroits comme les jardins zoologiques, les musées et les centres de la nature.

tortue des bois

Activités

1. Distribuez la fiche d'activité 16 et parlez avec vos élèves des différentes parties de la tortue.

2. La carapace est une partie très importante de la tortue ; elle protège son corps. Les carapaces se développent différemment de sorte qu'il est rare d'en trouver deux pareilles. Distribuez la fiche d'activité 17.

Carapaces

Sa carapace est comme une armure pour la tortue ; elle la protège des blessures. La carapace est divisée en petites sections qu'on appelle des écailles. Observe les carapaces ci-dessous. Deux d'entre elles sont identiques. Encercle-les.

3. À partir de la fiche d'activité 18, préparez une liste ne contenant que les reptiles susceptibles d'être rencontrés au cours d'une excursion dans votre région. Photocopiez-la de manière à en avoir une pour la classe et une pour chaque élève. Chaque élève pourrait coller sa fiche sur une feuille de papier de bricolage et la plier en deux pour former un livret facile à emporter en sortie.

4. Donnez à chaque élève la triple fiche d'activité 19a), b) et c). La tâche consiste à découper les reptiles et à les coller à l'endroit où on peut les trouver dans la nature. Invitez vos élèves à consulter les fiches d'identité pour trouver l'endroit qui convient.

Quelques emplacements possibles :
— la tortue peinte, en train de se chauffer au soleil sur un tronc ou une roche émergeant d'un étang
— la tortue mouchetée, en train de se chauffer au soleil sur un tronc ou une roche émergeant d'un étang
— la chélydre serpentine qui pond, au bord d'une route
— la tortue molle à épines, dans l'eau peu profonde
— le lézard-alligator boréal, sous une grosse branche morte dans les bois, ou sous une pierre
— la couleuvre à ventre rouge, à l'orée d'un bois ou sous une branche morte dans les bois
— la couleuvre de l'Ouest, dans un marécage, un champ ou sous une branche morte dans un bois
— la couleuvre tachetée, dans les champs ou les bois, sous les pierres
— la couleuvre fauve, au bord de l'eau ou roulée au pied d'un arbre.

tortue peinte

couleuvre tachetée

L'hibernation

Faites remarquer à vos élèves ce qui arrive à leurs doigts et à leurs orteils quand il fait très froid : ils deviennent raides et engourdis. C'est exactement ce qui arrive au reptile tout entier quand la température baisse. Le reptile devient de moins en moins actif et s'engourdit jusqu'à ce qu'il n'arrive plus à maintenir une température suffisante en prenant le soleil. Le temps est alors venu pour lui d'entrer en hibernation. Un reptile en hibernation cesse de manger, respire à peine et a le coeur qui bat très lentement.

Dans cette leçon-ci, nous allons voir comment les serpents, les tortues et les lézards passent l'hiver dans les climats froids. L'une des activités proposées consiste à construire un gîte d'hibernation, ou hibernaculum, pour serpents. Elle n'est sans doute pas réalisable sur le terrain de l'école, mais il se peut que vous obteniez du centre de plein air (si vous en avez un), ou des autorités des services de conservation de la faune, de la réserve naturelle ou du parc de votre région la permission d'en bâtir un sur leurs terrains.

L'hibernaculum des serpents peut être une grotte, une anfractuosité rocheuse, le terrier d'un petit mammifère, un vieux puits ou les fondations en pierre d'un ancien bâtiment. Souvent, les serpents retournent au même endroit année après année, c'est pourquoi il ne faut pas déranger ces refuges. Si leur hibernaculum est détruit, tous les serpents de la région risquent de ne plus pouvoir s'abriter du froid, et de mourir. Beaucoup de serpents hibernent seuls, mais certains se réunissent en grand nombre, parfois même avec des individus d'autres espèces. On sait par exemple que les couleuvres rayées, tachetées et vertes partagent parfois le même hibernaculum.

Au printemps, la terre et les pierres qui forment les parois du gîte se réchauffent et réchauffent du même coup les serpents qui reprennent vie et sortent en masse. Dans certaines espèces, les premiers à émerger sont les mâles qui restent autour de l'hibernaculum à attendre que les femelles sortent à leur tour, pour les escorter et s'accoupler. Dans certaines régions, le réveil des serpents constitue un véritable spectacle ; ainsi, à Narcisse, au nord de Winnipeg, chaque année au mois de mai, jusqu'à 8000 couleuvres à flancs rouges sortent des grottes calcaires, ce qui constitue l'un des plus spectaculaires rassemblements printaniers de serpents au monde.

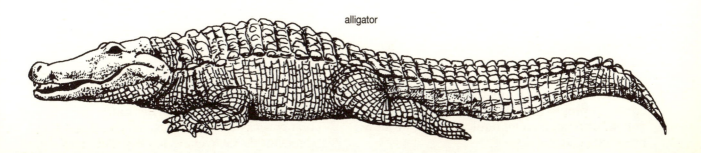

alligator

Même si les alligators ne peuvent survivre à un gel prolongé, certains vivent dans des régions où les hivers sont parfois vraiment froids. En automne, ces alligators creusent une tanière dans les racines des plantes qui poussent au bord de l'eau, ou encore dans la terre meuble de la berge. Ils passent les jours les plus froids de l'hiver dans cette tanière, dans un état de semi-hibernation. Leur rythme cardiaque ralentit et ils cessent de manger durant cette période de léthargie. Pendant les journées moins froides et ensoleillées, ils sortent se chauffer au soleil.

Les lézards hibernent sous les tas de pierres, dans les anfractuosités des rochers, sous les branches mortes et dans les vieilles souches.

À l'approche de l'automne, les tortues s'enfouissent profondément, dans l'humus meuble des sous-bois dans le cas des tortues terrestres en général, et dans la vase du fond des étangs, dans celui des tortues aquatiques et de certaines tortues terrestres. Il est essentiel que l'étang soit assez profond pour que l'eau n'y gèle pas jusqu'au fond. Quand l'eau commence à se réchauffer, les tortues émergent. Il arrive qu'un réchauffement précoce suivi d'un gel tardif provoque l'émergence prématurée des tortues et la mort de beaucoup d'entre elles.

Activités

1. Distribuez aux élèves la fiche d'activité 20.
   Réponses:

1. hibernent	6. même
2. la vase	7. mangent
3. anfractuosités	8. lents
4. graisse	9. réchauffer
5. hibernaculum	10. printemps

2. Distribuez la fiche d'activité 21.
   Réponses:

Tête	Queue correspondante
A	2
B	4
C	1
D	3

3. Mettez vos élèves au défi de bâtir un casse-tête du même genre.

4. Il existe des logiciels permettant aux élèves de créer leur propre grille de mots croisés. Si vous pouvez disposer d'un tel outil, il y a là une autre possibilité d'activité.

5. Aménagez un hibernaculum pour serpents. Cette activité exige non seulement un gros effort physique et quelques matériaux, mais surtout un site convenable. Essayez d'obtenir l'autorisation d'un centre de plein air, d'un centre nature, d'un parc ou d'une zone de conservation. En outre, le personnel de ces organismes pourra sans doute vous aider à réaliser un tel projet. Pensez à prendre des photos avant et pendant la réalisation. Vous pourrez ensuite les exposer dans la classe ou dans l'école, accompagnées des dessins ou des textes résultant des activités de prolongement proposées ci-dessous. Vous pourriez aussi envoyer un jeu de ces photos à l'organisme qui aura accueilli le projet, pour qu'il les expose.

Avant de commencer votre installation, documentez-vous sur les espèces de serpents qui fréquentent votre région, afin de savoir s'ils préfèrent hiberner sous des pierres ou sous des branchages. Vous trouverez ces renseignements dans nos fiches d'identité ou dans n'importe quel guide d'identification. L'emplacement idéal est un terrain découvert et ensoleillé, proche d'un bois, dont le sol est d'humide à très humide, mais il faut être absolument sûr que l'eau ne risque pas d'inonder le trou. Creusez un trou de 2 m de profondeur sur environ 1,5 m de côté. Si vous bâtissez un gîte de bois, remplissez le trou de vieilles souches, de troncs, de branchages ou de planches, sans les tasser et en y mêlant du sable et des feuilles. Des vides vont

subsister entre les matériaux que vous entassez et les serpents y trouveront des «chambres» où hiberner. Couvrez le tout d'une couche de branches et de souches, et installez au niveau du sol une branche creuse dont une extrémité se trouvera dans le tas et l'autre en dehors, pour former un couloir d'entrée. Recouvrez toute la structure d'une épaisse couche de terre, de feuilles et de branchages de 1 m d'épaisseur. Ce monticule assurera une isolation supplémentaire contre le froid et empêchera les gros mammifères d'éventrer le gîte.

Si les serpents de votre région préfèrent hiberner sous les pierres, remplissez le trou de grosses roches aux formes irrégulières ou de gros morceaux de béton brisé. Couvrez le tout d'un monticule de cailloux et d'une couche de terre.

Activités de prolongement

a)   Demandez à vos élèves de raconter par écrit ou d'illustrer la construction de l'hibernaculum.

b)   Rédigez en classe des lettres de remerciement à l'organisme qui vous a permis de construire votre gîte et aux gens qui vous ont aidés. Vous aurez là une bonne occasion d'apprendre à vos élèves à rédiger dans les formes une lettre officielle.

c)   Écrivez aux journaux locaux pour les informer de votre effort en faveur de la conservation et de la protection de la faune. Beaucoup de périodiques locaux se font un plaisir de publier articles et photos relatifs à des activités réalisées dans les écoles de la région.

CHAPITRE HUIT

Reptiles en péril

LEÇON 18

Des reptiles et des hommes

Au fil des siècles, les humains ont eu avec les reptiles des relations instables. Les civilisations antiques ont souvent manifesté un grand respect pour les reptiles et en particulier les serpents ou les tortues, mais bien des civilisations modernes les ont persécutés. L'une des principales raisons du déclin de certaines espèces est l'ignorance, qui entraîne la peur des reptiles.

Les éducateurs ont donc l'importante mission d'éveiller chez leurs élèves une attitude positive, non destructrice, envers les reptiles. Nous espérons qu'en apprenant la vérité sur la place que ces animaux occupent dans la nature et sur les particularités biologiques de chaque espèce, les jeunes ne se laisseront plus influencer par les histoires fausses qui circulent et entretiennent la

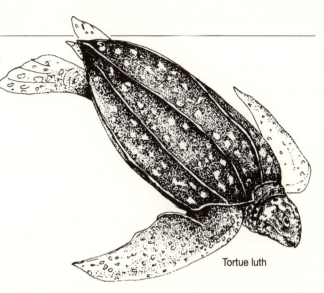

Tortue luth

peur. C'est seulement en changeant les mentalités et en apprenant aux gens à respecter les reptiles que nous pourrons améliorer le sort de nombreuses espèces.

Activités

1. Expliquez à vos élèves qu'une légende est une sorte d'histoire à laquelle les gens croyaient autrefois et qui, bien souvent, a été inventée pour expliquer un phénomène naturel. Lisez-leur les exemples de légendes concernant les reptiles que nous proposons ci-dessous. Ensuite, demandez-leur de faire un dessin illustrant l'une de ces légendes. Ou encore, demandez-leur d'inventer, pour expliquer un phénomène naturel, une histoire mettant en scène un reptile.

   • Certains peuples autochtones croient qu'avant la création du monde, une immense tortue flottait sur une mer originelle, et que tous les animaux vivaient sur son dos. D'après cette légende, la terre a été bâtie sur la carapace de cette tortue par l'écrevisse, le castor et le rat musqué qui s'étaient lancé le défi de plonger au fond de la mer chercher de la boue pour construire la terre ferme.

   • Les Grecs et les Romains de l'antiquité attribuaient de grands pouvoirs curatifs aux serpents, aux tortues et aux grenouilles.
   • Dans les civilisations chinoises et hindoues anciennes les tortues et les serpents étaient sacrés. Selon une légende hindoue, le monde repose sur le dos de quatre éléphants réunis eux-mêmes sur le dos d'une tortue géante.

2. Les « turtles », ces friandises au chocolat en forme de tortue, existent depuis longtemps, tout comme le jeu bien connu des serpents et des échelles. Demandez à vos élèves de trouver d'autres produits commerciaux qui font référence à des reptiles. Gageons qu'ils n'auront pas de peine à penser aux Tortues Ninjas !

3. Demandez à vos élèves de relever, dans les revues et les catalogues, mais aussi dans les magasins et dans les émissions de télévision,

le plus possible d'exemples où des reptiles sont utilisés dans la publicité, les réclames ou comme symboles d'un produit ou comme dessin central ou modèle d'un produit (ex. les pataugeuses en forme de tortue).

4. Des reptiles ont également été choisis comme symbole ou emblème de certaines entreprises ou professions. Ainsi, les Grecs de l'antiquité voyaient dans le serpent qui change de peau un symbole de vie et de santé. Encore de nos jours, la profession médicale utilise comme symbole deux serpents enroulés autour d'un bâton.

Lancez votre classe à la recherche d'autres professions, entreprises ou sociétés ayant un reptile dans leur logo. Les élèves pourraient écrire à ces organismes pour leur demander les raisons de leur choix.

5. Créez un coin-documentation, pour y regrouper des livres sur les reptiles. Choisissez quelques histoires à lire en classe.

6. Les élèves pourraient écrire leur propre livre à découpes sur un reptile qu'ils trouvent «sympathique».

LEÇON 19

Menaces sur les reptiles

Faites réfléchir vos élèves à ce dont ils ont besoin pour vivre. Parmi leurs réponses devraient se trouver la nourriture, l'eau, l'air que l'on respire et un abri contre les intempéries et les prédateurs. Ce sont des besoins fondamentaux que nous partageons avec tous les animaux (même si certains êtres ne respirent pas d'air). À cette liste pourrait s'ajouter le besoin d'un endroit convenable et sûr pour se reproduire. Quand l'un de ces éléments fondamentaux est perturbé ou détruit, la vie devient plus difficile et même parfois impossible. C'est ce qui arrive aux espèces qu'on dit menacées ou en danger de disparition.

La principale raison qui met en péril une espèce est la perte de son habitat. La destruction généralisée des habitats humides pose de graves problèmes à un grand nombre d'espèces de reptiles. L'augmentation rapide de la population humaine, l'industrialisation et la pollution des rivages aggravent la situation.

Déjà victimes de la destruction de leur habitat, bien des reptiles, et en particulier les serpents, sont en plus persécutés par les humains. Les gens tuent les serpents simplement parce qu'ils en ont peur et les trouvent dégoûtants, sans même les connaître. Il est possible, quand on ne les connaît pas bien, de confondre les grands serpents comme la couleuvre fauve ou la couleuvre tachetée avec un serpent à sonnette, et de les tuer parce qu'on en a peur. Mais tous les serpents sont menacés de mort parce que les gens sont mal informés, et la seule façon de changer la situation est d'éduquer la population. Ce

dont les serpents ont besoin, c'est de bons « agents de relations publiques » qui dissipent les craintes, encouragent les efforts de conservation et améliorent l'image publique de leurs protégés.

La capture d'individus dans la nature est une autre menace qui pèse sur les populations de reptiles. Serpents et tortues ont ainsi été victimes non seulement des marchands d'animaux de compagnie, mais même de personnes bien intentionnées.

Malheureusement, bien des tortues capturées comme animaux de compagnie ne survivent pas, loin de leur habitat naturel. Dans certains endroits, il est interdit par la loi de capturer, posséder ou vendre les espèces indigènes de reptiles.

Les tortues de mer ont été décimées par la récolte intensive de leurs oeufs qui sont très bons à manger et par la chasse des adultes pour leur chair, leur carapace et leur peau dont on fait du cuir. Les tortues luths sont également recherchées pour leur huile qui entre dans la composition de certains cosmétiques. Toutes les tortues marines qui fréquentent les côtes d'Amérique du Nord — qu'il s'agisse de la tortue luth, de la caouane, de la bâtarde ou de la verte — sont en danger de disparition imminente.

La peau des serpents et le cuir des crocodiliens sont également utilisés pour confectionner des chaussures, des vêtements, des porte-feuilles et autres sacs. En vérité, la plupart des crocodiliens sont au bord de l'extinction pour avoir été trop chassés. Heureusement, les gouvernements ont créé des parcs et des réserves fauniques où certains reptiles sont désormais protégés. De plus, la chasse étant plus strictement réglementée, le nombre de reptiles qui en sont victimes diminue. Dans le monde entier, des pays interdisent le commerce international des espèces menacées de disparition, ainsi que des produits qui en sont dérivés. Il est, en conséquence, bien moins attrayant de tuer et de vendre ces espèces. Dans certaines régions, on élève désormais des crocodiles dans des fermes, comme du bétail, dans le but d'en vendre la peau. Cela devrait faire diminuer la chasse des individus sauvages.

Quand un reptile ne se trouve plus dans une partie de son aire naturelle de répartition, on dit qu'il est déraciné, ou localement disparu. C'est le cas de la sous-espèce d'iguane à petites cornes qu'on trouvait autrefois en Colombie-Britannique; ou encore du crotale des bois, disparu du sud-ouest de l'Ontario. Quand un reptile ne se trouve plus dans aucune partie de son aire naturelle, on dit que l'espèce en est éteinte.

Quand un reptile est placé sur la liste des espèces en danger de disparition, c'est parce qu'il est exposé à une extinction imminente dans la plus grande partie, ou dans la totalité, de son aire de répartition. La couleuvre d'eau du lac Érié, la tortue luth et la sous-espèce *(foxi)* dite bleue de la couleuvre agile sont dans cette catégorie.

On dit qu'un reptile est « menacé » quand sa population connaît un déclin marqué ; la poursuite de ce déclin placerait ledit reptile « en danger de disparition ». Le massasauga et la tortue molle à épines sont deux espèces actuellement qualifiées de « menacées ».

Le qualificatif de « rare » ou « vulnérable » s'applique au reptile dont la population décline ou dont l'aire de répartition rétrécit. La couleuvre brune et la couleuvre d'eau sont considérées vulnérables au Québec, tout comme la sous-espèce de la couleuvre agile qui habite la Saskatchewan et la tortue ponctuée dans toute son aire de répartition.

Activités

1. Les serpents ont un « problème d'image ». Bien que la grande majorité de ceux qui vivent en Amérique du Nord ne soient pas venimeux, les gens continuent à tuer sans raison ces êtres inoffensifs, contribuant ainsi au déclin de plusieurs espèces.

   Demandez à vos élèves de choisir dans la liste suivante une espèce en particulier et de concevoir une affiche défendant leur choix. L'objectif est de faire savoir aux gens pourquoi il est important de respecter et de protéger — et même, si possible, d'aimer — les serpents. Les affiches pourraient être exposées dans l'école ou en ville.

   boa caoutchouc
   couleuvre à collier
   couleuvre à nez mince (3 sous-espèces)
   couleuvre à nez plat
   couleuvre à nez retroussé
   couleuvre à petite tête
   couleuvre à queue fine
   couleuvre à ventre rouge
   couleuvre agile (3 sous-espèces)

   couleuvre brune (2 sous-espèces)
   couleuvre d'eau
   couleuvre d'eau du Lac Érié
   couleuvre de l'Ouest
   couleuvre des Plaines
   couleuvre du Nord-Ouest
   couleuvre fauve
   couleuvre mince
   couleuvre nocturne
   couleuvre obscure
   couleuvre rayée (5 sous-espèces)
   couleuvre royale
   couleuvre tachetée
   couleuvre verte (2 sous-espèces)
   crotale de l'Ouest (2 sous-espèces)
   massasauga

2. Faites quelques copies de la fiche d'activité 22 et collez-les sur du carton. Si vous pouvez les plastifier, elles n'en dureront que plus longtemps. Distribuez un carton par groupe de deux à quatre joueurs. Chaque joueur devra avoir un pion de couleur différente, chaque pion représentant une chélydre serpentine. Ce jeu permet aux élèves de suivre la vie de la chélydre serpentine tout en découvrant les dangers qui la guettent et la façon dont elle réussit parfois à survivre.

Les joueurs lancent le dé; celui qui obtient le plus de points commence. On déplace les pions du

Chélydre serpentine

nombre de cases indiqué par le dé. La tortue qui arrive au but la première gagne.

3. Les élèves peuvent inventer leur propre jeu.

LEÇON 20

Faire quelque chose

En annonçant ... la possibilité pour vos élèves de faire une contribution à la recherche relative aux reptiles de votre région. Beaucoup d'espèces étant peu communes ou très localisées, il est difficile de

les étudier et même d'en connaître l'existence. Mieux les biologistes connaissent une espèce, plus il est facile d'en empêcher le déclin.

Activités

1. Pendant que vos élèves profitent de la nature, vous pouvez aider ceux qui s'efforcent de la protéger. Si vous observez un reptile quelconque en liberté, essayez de prendre note des renseignements suivants:
   • espèce
   • nombre d'individus
   • détails sur le nid, le cas échéant
   • taille des individus
   • lieu exact et date (jour et heure) de l'observation
   • conditions atmosphériques du moment

Servez-vous de la fiche d'activité 23 comme modèle de fiche d'observation. Vous pouvez transmettre vos données au club de naturalistes de votre région.

2. Peut-être votre classe acceptera-t-elle d'aider à l'étude et à la protection des reptiles en:
   • recueillant des fonds en faveur des groupes environnementalistes qui se consacrent à ce type de travail

Fiche d'observation

Espèce observée : _____

Identifiée par : _____

Lieu : _____

Comté/district   Province/État

Date _____ Heure (début) ___   aube ☐ journée ☐

                 Heure (fin) ___   crépuscule ☐   nuit ☐

Conditions atmosphériques _____

Habitat (végétation/type de milieu aquatique/impact humain/topographie)

_____

_____

_____

Que faisaient les individus observés ? _____

- adhérant à une organisation qui s'occupe de la protection des reptiles
- invitant un conférencier à venir dans la classe parler des reptiles et de leur protection
- écrivant aux journaux, postes de télévision, députés etc., pour plaider la cause des reptiles
- protégeant ou aménageant un habitat convenant aux reptiles dans votre localité
- enseignant à d'autres jeunes la vérité au sujet des reptiles.

Fiches d'activité

L'histoire des reptiles

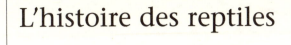

Ichtyostéga: L'ichtyostéga est un lointain ancêtre des amphibiens. Il est l'un des premiers animaux à quatre pattes à s'être aventuré sur la terre ferme, il y a environ 360 millions d'années.

Deinosuchus: Il y a 75 millions d'années, un ancêtre du crocodile, *Deinosuchus*, chassait, pense-t-on, les petits dinosaures. Il était plus de deux fois plus grand que les crocodiles que nous connaissons.

L'histoire des reptiles

Brachiosaure : Le brachiosaure est l'un des plus gros dinosaures. Il était herbivore.

Coelophysis : *Cœlophysis* est l'un des plus anciens dinosaures. Il est apparu voici près de 200 millions d'années.

L'histoire des reptiles

Ichthyosaure : L'ichthyosaure nageait dans la mer il y a environ 190 millions d'années.

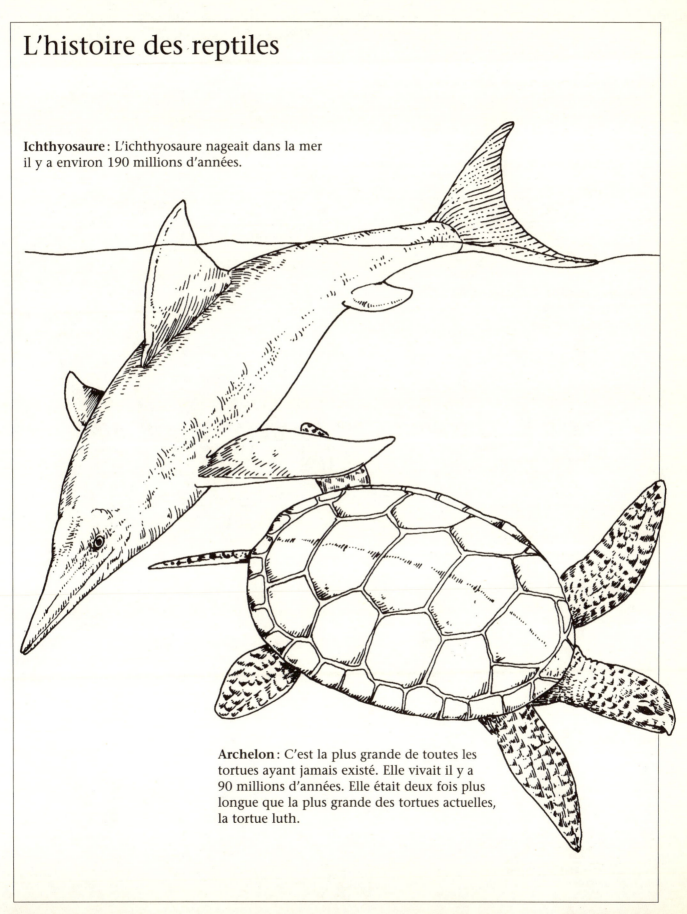

Archelon : C'est la plus grande de toutes les tortues ayant jamais existé. Elle vivait il y a 90 millions d'années. Elle était deux fois plus longue que la plus grande des tortues actuelles, la tortue luth.

Grand comme...

Pour bien comprendre la taille de ces dinosaures, compare-les à des choses que tu connais.

Par exemple, le ptéranodon, un reptile volant, avait 8 m d'envergure (du bout d'une aile au bout de l'autre). C'est presque la longueur d'un autobus scolaire.

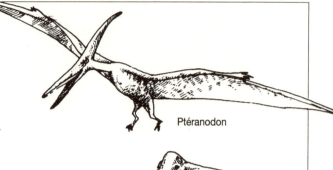

Ptéranodon

Compsognathus — longueur, 60 cm

C'est grand comme_____

Protocératops — longueur, 2 m

C'est grand comme_____

Tyrannosaure — longueur, 13 m

C'est grand comme_____

Brachiosaure — poids, 66 tonnes

C'est gros comme _____

Diplodocus — longueur, 26 m

C'est grand comme_____

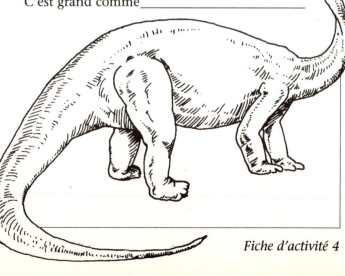

Qui est quoi ?

Regarde attentivement les animaux ci-dessous. Dans la case située en haut à gauche de chaque image, inscris un **R** si tu penses qu'il s'agit d'un **reptile**, et un A, s'il s'agit d'un **amphibien**.

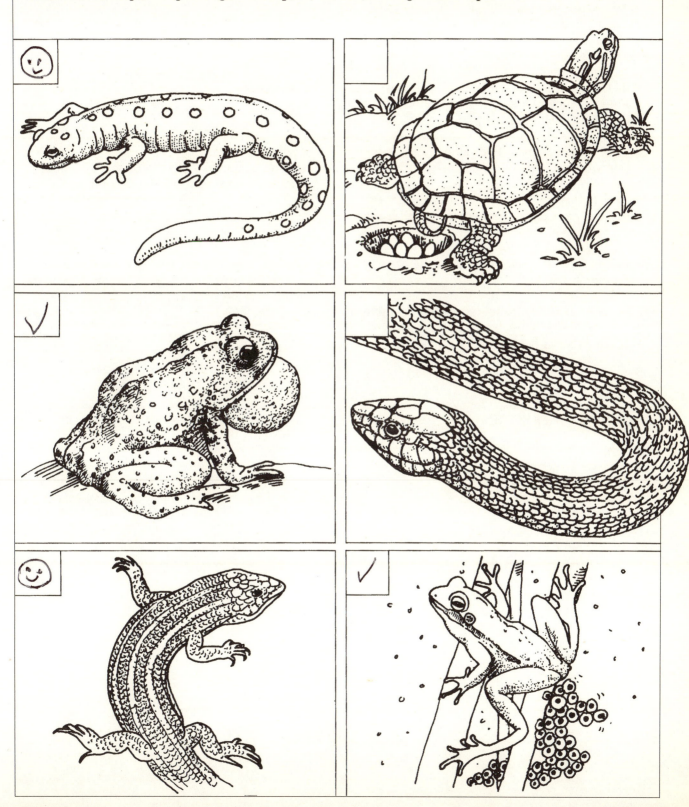

Pour quelques rayons de plus

Dans cette expérience, tu vas mesurer l'effet des rayons du soleil sur la température de l'eau. Cela t'aidera à comprendre l'effet d'un bain de soleil sur la température d'un reptile.

Marche à suivre :

1. Sur une étiquette, inscris le nom des membres de ton groupe et le mot SOLEIL ; sur l'autre, le nom des membres de ton groupe et le mot OMBRE. Colle-les sur les pots.

2. Verse la même quantité d'eau dans les deux pots (jusqu'à la moitié, à peu près).

3. Avec le thermomètre, mesure la température de l'eau dans chaque pot et inscris les résultats sur ta fiche d'observation.

4. Place un pot en plein soleil et l'autre dans l'ombre totale.

5. Au bout de plusieurs heures, mesure à nouveau la température dans chaque pot. Inscris tes résultats sur ta fiche.

1. Qu'est-il arrivé à l'eau placée au soleil ? Pourquoi ?

_____

_____

2. Qu'est-il arrivé à l'eau placée à l'ombre ? Pourquoi ?

_____

_____

3. D'après ce que tu viens d'observer, quel peut être l'effet d'un bain de soleil sur un reptile ?

_____

_____

4. Quels avantages peut avoir pour le reptile le fait que la température de son corps dépend de la température ambiante ?

_____

_____

FICHE D'OBSERVATION	Température de départ	Température après plusieurs heures	Différence de température
pot au SOLEIL			
pot à l'OMBRE			

L'habit fait le serpent

Les serpents peuvent avoir, selon leur espèce, des écailles lisses ou des écailles carénées.

Roule ta pâte à modeler pour former un serpent de 2 à 4 cm de diamètre et colle-le sur ton carton. Forme la tête et la queue.

En commençant par le bout de la queue, colle les graines, à plat, sur le dos de ton serpent en les serrant le plus possible. Chaque rangée doit chevaucher légèrement la précédente, jusqu'à la tête.

Compare ton serpent à celui des autres. Quel est leur aspect? Quel est leur toucher?

_____

_____

_____

_____

_____

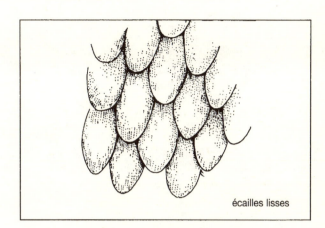

écailles lisses

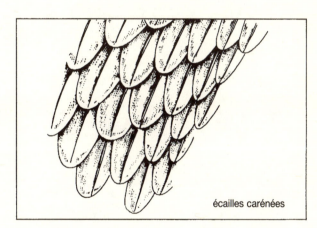

écailles carénées

graines   pâte à modeler

Illustrations destinées aux chaînes alimentaires

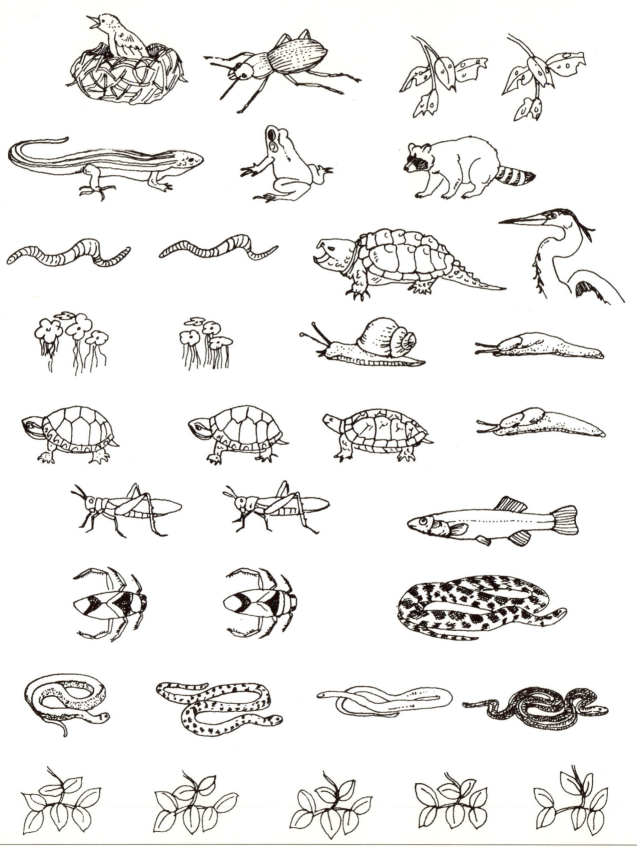

Chaînes et réseaux alimentaires

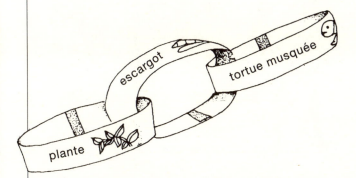

En reliant des plantes et des animaux dans le bon ordre, tu peux représenter la chaîne alimentaire de ton choix. Unis ensuite ta chaîne à celle de tes camarades de classe et constituez des réseaux alimentaires.

— Regarde ton jeu de bandes de papier. Décide dans quel ordre placer les éléments. Souviens-toi qu'une chaîne alimentaire commence toujours par une plante.

— Réunis les deux bouts de ton premier maillon — une plante — avec l'image bien en vue sur le dessus. Passe à travers cet anneau la bande portant l'animal qui mange cette plante et colle ensemble les deux bouts de ce deuxième maillon. Ajoute des maillons jusqu'à ce que tu aies utilisé toutes les bandes. Tu as bâti une chaîne alimentaire.

— Trouve à présent un ou plusieurs de tes camarades qui ont utilisé au moins un même élément que toi, mais sur une bande de couleur différente. Trouve un moyen de réunir les différentes chaînes, en superposant les maillons qui sont les mêmes. Vous aurez ainsi bâti un réseau.

Observations

1. Inscris ou dessine ci-dessous les éléments de ta chaîne alimentaire.

Combien ta chaîne comporte-t-elle de maillons ?

_____

2. Inscris ou dessine ci-dessous les éléments de votre réseau alimentaire

Combien de maillons compte votre réseau ?

_____

3. À ton avis, vaut-il mieux qu'un animal mange une seule sorte d'aliments, ou plusieurs ? Pourquoi ?

Qui mange les reptiles ?

Que mangent les reptiles ?

Que mangent les reptiles?

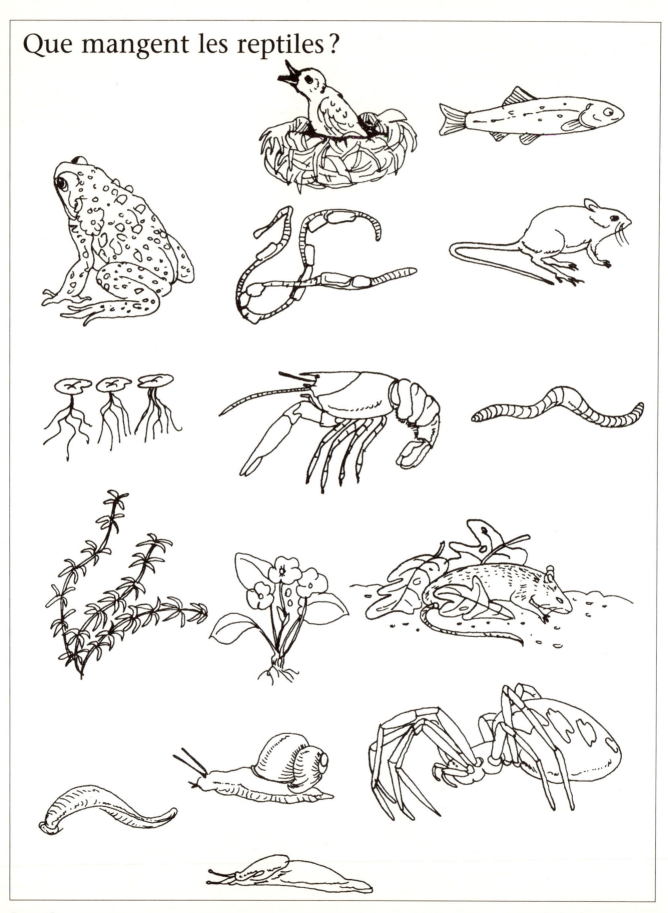

Serpents en déplacement

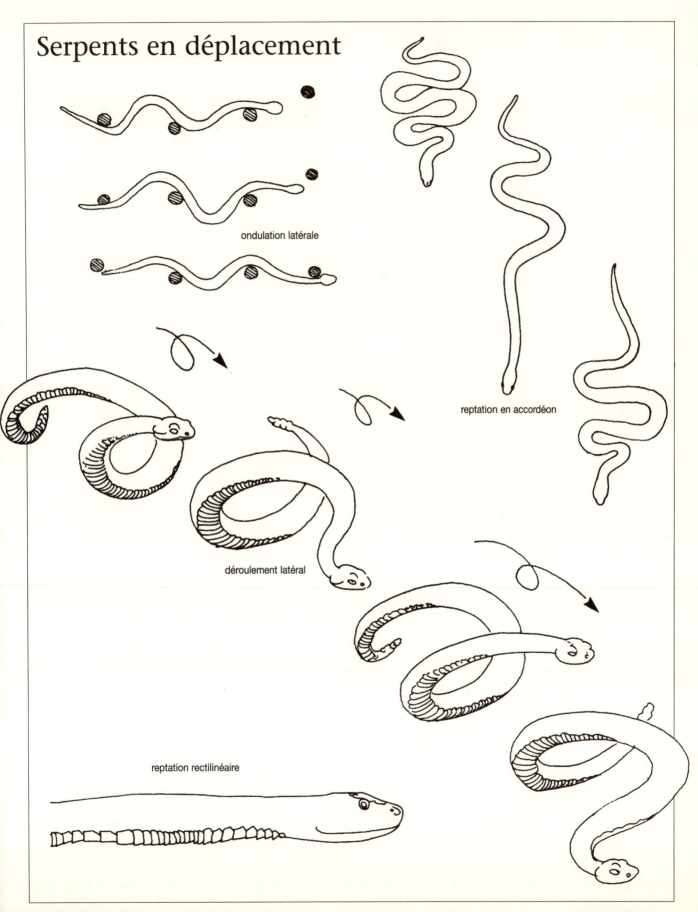

ondulation latérale

reptation en accordéon

déroulement latéral

reptation rectilinéaire

Un serpent articulé

- Coupe cinq tubes de papier hygiénique en trois, pour obtenir quinze segments (qui formeront le corps du serpent).

- Taille deux encoches à chaque bout de treize des segments (voir schéma 1). Perce ensuite des trous (quatre par segment) à l'endroit indiqué sur le schéma.

découper des encoches

1(a)

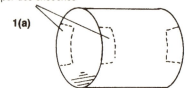

1(b)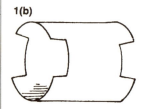

1(c)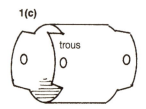
trous

- Pour faire les segments des extrémités, ne taille les encoches et ne perce les trous qu'à une extrémité (voir schéma 2).

2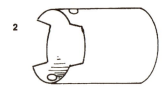

- En commençant par une extrémité, assemble les segments du corps. Joins les segments deux à deux comme indiqué sur le schéma 3, puis insère une attache dans le trou et ouvre les branches de l'attache à l'intérieur du serpent. (Veille à laisser du jeu, pour que le serpent remue facilement.)

3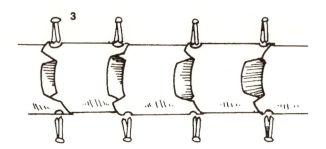

- Pour la tête, découpe un morceau de carton léger et fais-en un tube légèrement plus gros que les tubes de papier hygiénique. Enfile ce tube à l'une des extrémités du serpent et fixe-le avec du ruban adhésif. Découpe la bouche (voir schéma 4).

- Taille une langue fourchue dans du carton et colle-la dans la bouche.

- Pour faire la queue, découpe un morceau de carton et roule-le de manière à former un cône. Colle ce cône et retaille le bord pour le rendre égal (voir schéma 4). Ajuste la base du cône sur le dernier segment du serpent et fixe le tout avec du ruban adhésif (voir schéma 5).

- À l'aide de crayons de couleurs, de crayons feutres ou de peinture, décore ton serpent.

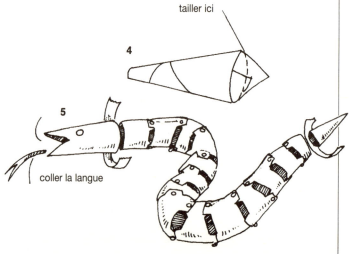
tailler ici

4

5

coller la langue

Reproduit avec la permission de Ranger Rick's NatureScope, « Let's Hear It For Herps! », publié par la National Wildlife Federation, © 1987

L'étang aux tortues

Résous les problèmes suivants pour trouver combien de tortues sont sorties des nids de l'étang.

Nid n° 1

Les faits : La mère a pondu 25 oeufs, mais 15 ont été mangés par une mouffette et un, par un raton laveur.

Problème : _____ 25 - 16 = _____

Nombre de tortues écloses : _____

Nid n° 2

Les faits : La mère a pondu 19 oeufs, mais 3 ont été mangés par un renard et 4 ont été emportés par une mouffette.

Problème : _____

Nombre de tortues écloses : _____

Nid n° 3

Les faits : La mère a pondu 36 oeufs, mais la moitié d'entre eux n'ont pas éclos parce qu'il a fait trop froid.

Problème : _____

Nombre de tortues écloses : _____

Nid n° 4

Les faits : La mère a pondu 28 oeufs, mais les ratons laveurs en ont mangé la moitié, et 6 autres ont été brisés par un vison.

Problème : _____

Nombre de tortues écloses : _____

1. Combien de tortues, au total, ont éclos dans les quatre nids de l'étang ?

   _____

2. Combien d'oeufs, au total, ont été pondus près de l'étang ?

   _____

3. Combien d'oeufs, au total, ont été détruits ?

   _____

4. Qu'est-ce qui a détruit le plus grand nombre d'oeufs : les ratons laveurs, les mouffettes, les renards, les visons ou le temps froid ?

   _____

   Combien chaque ennemi en a-t-il détruit ?

   les ratons laveurs _____

   les mouffettes _____

   les renards _____

   les visons _____

   le temps froid _____

5. Pourquoi est-il important que les tortues pondent beaucoup d'oeufs ?

   _____

   _____

   _____

À chacun ses oeufs

Les tortues, tout comme les oiseaux, pondent des oeufs. Mais ces oeufs et les soins qu'ils demandent sont bien différents. Si un oiseau et une tortue échangeaient leurs oeufs, de sorte que l'oiseau devait prendre soin des oeufs de la tortue, et la tortue, s'occuper des oeufs de l'oiseau, qu'est-ce que chacun devrait faire différemment ? Écris ta réponse ci-dessous.

Si une mère oiseau devait s'occuper d'un oeuf de tortue,
(par ex. : elle n'aurait pas à le couver)

_____

_____

_____

_____

_____

Si une mère tortue devait s'occuper d'un oeuf d'oiseau,
(par ex. : elle devrait bâtir un nid, plutôt que de le creuser)

_____

_____

_____

_____

_____

L'album du bébé tortue

L'album du
bébé tortue

Les différentes parties de la tortue

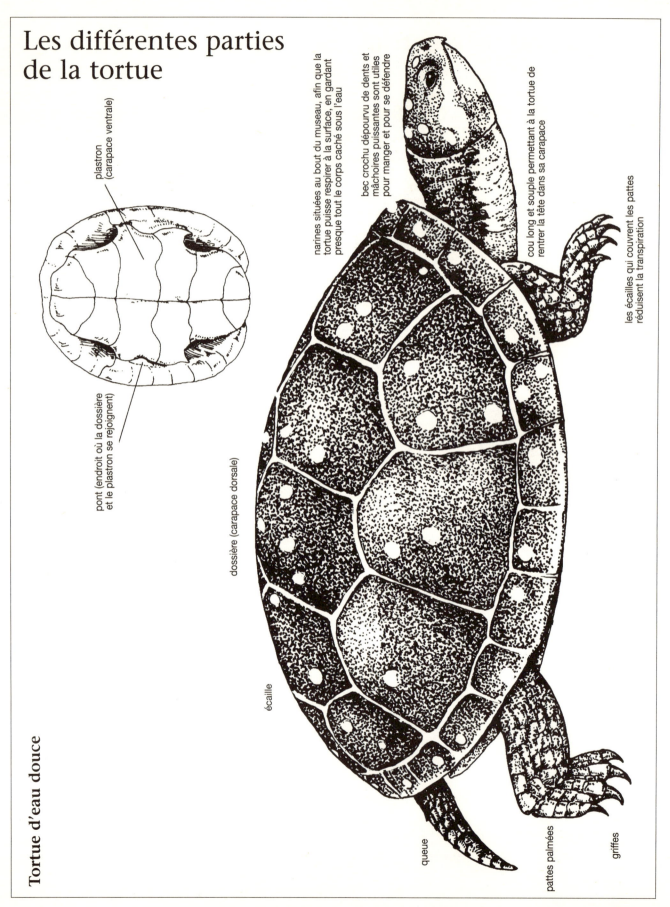

plastron (carapace ventrale)

pont (endroit où la dossière et le plastron se rejoignent)

narines situées au bout du museau, afin que la tortue puisse respirer à la surface, en gardant presque tout le corps caché sous l'eau

bec crochu dépourvu de dents et mâchoires puissantes sont utiles pour manger et pour se défendre

cou long et souple permettant à la tortue de rentrer la tête dans sa carapace

les écailles qui couvrent les pattes réduisent la transpiration

dossière (carapace dorsale)

écaille

queue

pattes palmées

griffes

Tortue d'eau douce

Carapaces

Sa carapace est comme une armure pour la tortue; elle la protège des blessures. La carapace est divisée en petites sections qu'on appelle des écailles. Observe les carapaces ci-dessous. Deux d'entre elles sont identiques. Encercle-les.

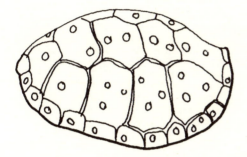 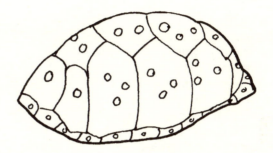

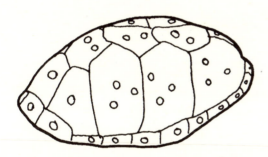 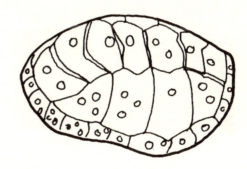

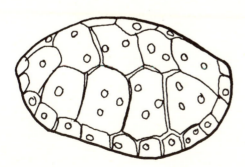 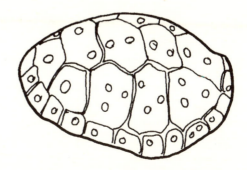

Reptiles indigènes du Canada

LIEU	
DATE ET HEURE	
OBSERVATEUR	

Serpents
- ☐ boa caoutchouc
- ☐ couleuvre à collier
- ☐ couleuvre à nez mince (3 sous-espèces)
- ☐ couleuvre à nez plat
- ☐ couleuvre à nez retroussé
- ☐ couleuvre à petite tête
- ☐ couleuvre à queue fine
- ☐ couleuvre à ventre rouge
- ☐ couleuvre agile (3 sous-espèces)
- ☐ couleuvre brune
- ☐ couleuvre d'eau
- ☐ couleuvre d'eau du Lac Érié
- ☐ couleuvre de l'Ouest
- ☐ couleuvre des Plaines
- ☐ couleuvre du Nord-Ouest
- ☐ couleuvre fauve
- ☐ couleuvre mince
- ☐ couleuvre nocturne
- ☐ couleuvre obscure
- ☐ couleuvre rayée (5 sous-espèces)
- ☐ couleuvre royale
- ☐ couleuvre tachetée
- ☐ couleuvre verte (2 sous-espèces)
- ☐ crotale de l'Ouest (2 sous-espèces)
- ☐ massasauga

Tortues
- ☐ caouanne
- ☐ chélydre serpentine
- ☐ tortue bâtarde
- ☐ tortue de l'Ouest
- ☐ tortue des bois
- ☐ tortue géographique
- ☐ tortue molle à épines
- ☐ tortue mouchetée
- ☐ tortue musquée
- ☐ tortue peinte (de l'ouest)
- ☐ tortue peinte (du centre)

- ☐ tortue peinte (de l'est)
- ☐ tortue ponctuée
- ☐ tortue tabatière
- ☐ tortue verte
- ☐ tortue luth

Lézards
- ☐ iguane à petites cornes
- ☐ lézard-alligator boréal
- ☐ scinque de l'Ouest
- ☐ scinque des Prairies
- ☐ scinque pentaligne

Consultez un guide d'identification pour savoir quelles espèces vivent dans votre région.

Les reptiles chez eux — scène un

Les reptiles chez eux — scène deux

Les reptiles chez eux

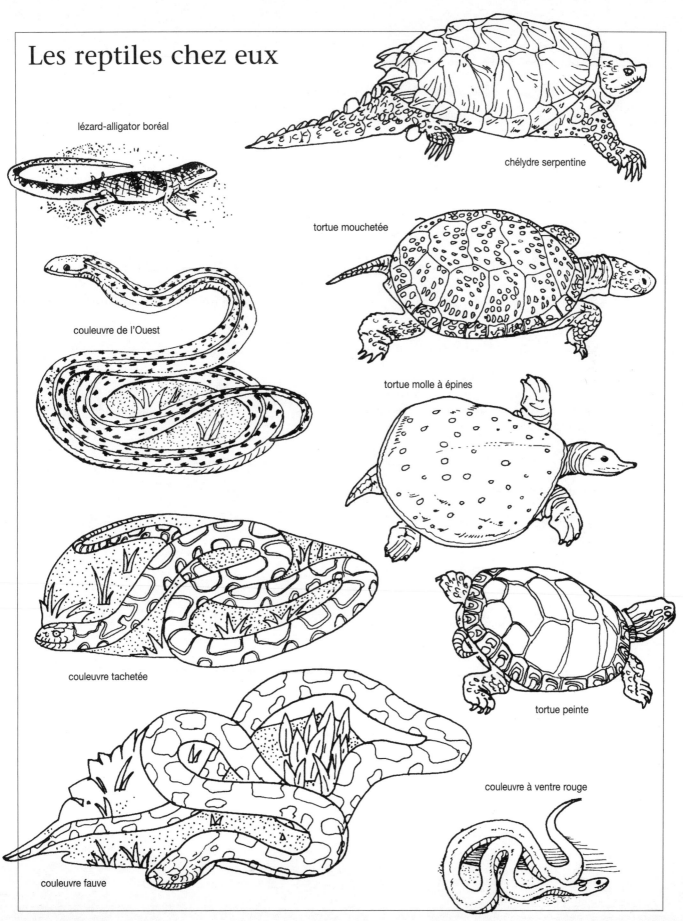

lézard-alligator boréal

chélydre serpentine

tortue mouchetée

couleuvre de l'Ouest

tortue molle à épines

couleuvre tachetée

tortue peinte

couleuvre à ventre rouge

couleuvre fauve

Les reptiles en hiver

Choisis dans la liste le mot qui permet de compléter chaque phrase.

même	hibernaculum
lents	printemps
graisse	réchauffer
la vase	mangent
hibernent	anfractuosités

1. Pour échapper au froid de l'hiver, tous les reptiles _____.

2. Les tortues s'enfouissent profondément dans _____ du fond des étangs.

3. Serpents et lézards hibernent parfois sous des branches ou des troncs tombés, dans des souches ou dans les _____ de rochers.

4. Avant d'hiberner, les tortues accumulent une bonne couche de _____.

5. L'endroit où un serpent hiberne s'appelle un _____.

6. Les serpents retournent souvent hiberner dans le _____ repaire, année après année.

7. Quand ils hibernent, les reptiles ne _____ pas.

8. Plus le temps devient froid, plus les mouvements des reptiles deviennent _____.

9. En hiver, les reptiles n'arrivent plus à _____ suffisamment leur corps en s'étendant au soleil.

10. On peut voir des reptiles sortir d'hibernation au _____.

Serpents assoupis

Trouve les noms des serpents qui hibernent dans
ce tas de pierres et encercle-les. Les noms sont
écrits en ligne droite, mais peuvent être dans tous
les sens y compris en diagonale.

Serpents à trouver

(couleuvre) agile
                   brune
                   rayée
                   tachetée
                   verte

```
B R U N E
A J L D T S K
B U E G R L O H R
R A Y E E L I G A O U
B Q Y V R A S E L R S
F R A E E T E H C A T
```

Quand les serpents s'entassent dans un repaire
pour hiberner, ils finissent par s'emmêler! Trouve
à quelle tête appartient chaque queue. Inscris ta
réponse ci-dessous :

La tête (lettre)   va avec la   queue (chiffre)

_____   _____

_____   _____

_____   _____

_____   _____

Jeu de la chélydre serpentine

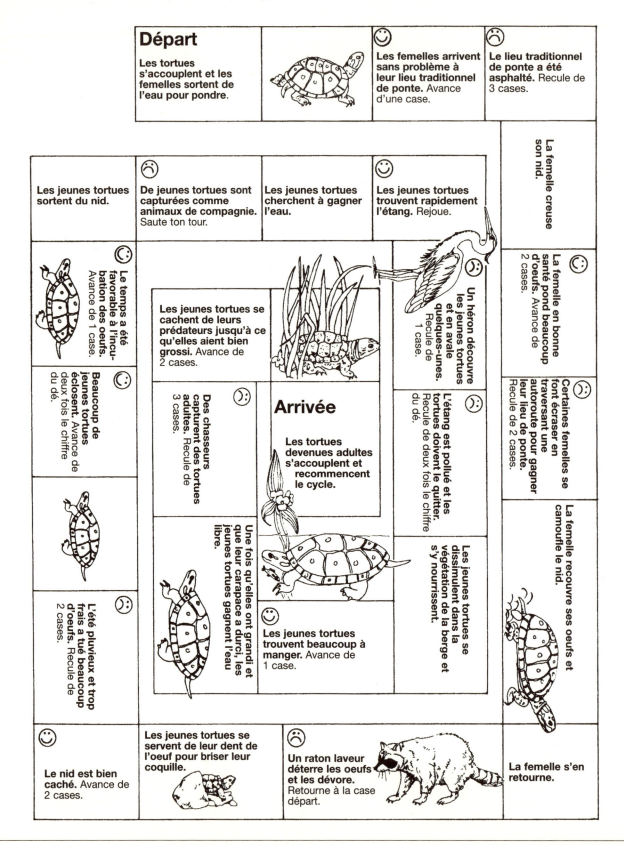

Départ

Les tortues s'accouplent et les femelles sortent de l'eau pour pondre.

☺ Les femelles arrivent sans problème à leur lieu traditionnel de ponte. Avance d'une case.

☹ Le lieu traditionnel de ponte a été asphalté. Recule de 3 cases.

La femelle creuse son nid.

La femelle en bonne santé pond beaucoup d'oeufs. Avance de 2 cases.

Certaines femelles se font écraser en traversant une autoroute pour gagner leur lieu de ponte. Recule de 2 cases.

La femelle recouvre ses oeufs et camoufle le nid.

La femelle s'en retourne.

Les jeunes tortues sortent du nid.

☹ De jeunes tortues sont capturées comme animaux de compagnie. Saute ton tour.

Les jeunes tortues cherchent à gagner l'eau.

☺ Les jeunes tortues trouvent rapidement l'étang. Rejoue.

Le temps a été favorable à l'incubation des oeufs. Avance de 1 case.

Les jeunes tortues se cachent de leurs prédateurs jusqu'à ce qu'elles aient bien grossi. Avance de 2 cases.

Un héron découvre et en avale les jeunes tortues quelques-unes. Recule de 1 case.

L'étang est pollué et les tortues doivent le quitter. Recule de deux fois le chiffre du dé.

Beaucoup de jeunes tortues éclosent. Avance de deux fois le chiffre du dé.

Des chasseurs capturent des tortues adultes. Recule de 3 cases.

Arrivée

Les tortues devenues adultes s'accouplent et recommencent le cycle.

Une fois qu'elles ont grandi et que leur carapace a durci, les jeunes tortues gagnent l'eau libre.

Les jeunes tortues se dissimulent dans la végétation de la berge et s'y nourrissent.

L'été pluvieux et trop frais a tué beaucoup d'oeufs. Recule de 2 cases.

☺ Les jeunes tortues trouvent beaucoup à manger. Avance de 1 case.

☺ Le nid est bien caché. Avance de 2 cases.

Les jeunes tortues se servent de leur dent de l'oeuf pour briser leur coquille.

☹ Un raton laveur déterre les oeufs et les dévore. Retourne à la case départ.

Fiche d'observation

Espèce observée : _____

Identifiée par : _____

Lieu : _____

Comté/district _____ Province/État _____

Date _____ Heure (début) _____ aube ☐ journée ☐

Heure (fin) _____ crépuscule ☐ nuit ☐

Conditions atmosphériques _____

Habitat (végétation/type de milieu aquatique/impact humain/topographie)

_____

_____

_____

Que faisaient les individus observés ? _____

Fiches d'identité

Chélydre serpentine

Mon apparence
— je suis la plus grosse des tortues du Canada ; je mesure de 20 à 47 cm de long
— je pèse jusqu'à 10 kg (le record canadien est de 22,5 kg et le record américain de 34 kg !)
— j'ai la carapace rugueuse, de couleur sombre et souvent envahie par les algues
— mon plastron en forme de croix varie du jaune au chamois
— j'ai une longue queue garnie d'une série de plaques osseuses en dents de scie
— ma tête est grosse
— je suis incapable de rétracter complètement les pattes et la tête dans ma carapace

Mon habitat
— je vis en eau douce, là où le fond est vaseux, dans les petits étangs aussi bien que dans les grands lacs
— en juin, on peut voir les femelles sur la terre ferme, en particulier sur les talus de sable ou de gravier proches des étangs, lorsqu'elles cherchent un endroit pour pondre
— je passe l'hiver enfouie dans la terre, sous les berges escarpées ou dans des huttes de rat musqué abandonnées, assez profond pour échapper au gel
— pour me réchauffer, je m'expose au soleil sur un objet émergeant en eau peu profonde, ou encore je flotte à la surface, en eau profonde

Ma nourriture
— essentiellement carnivore, je me nourris d'invertébrés comme des insectes et des écrevisses, ou encore de cadavres, de grenouilles, de poissons, d'oiseaux et même de petits mammifères
— je mange aussi des plantes aquatiques et certaines algues
— on me traite parfois de « vidangeur de l'étang », parce que je mange les cadavres tombés au fond

Ma vie de famille
— l'accouplement a lieu au printemps et la ponte commence au début de juin
— la femelle dépose, dans un terrain bien drainé, de 20 à 40 oeufs ronds comme de petites balles de ping-pong

— la femelle creuse un trou de 10 à 17 cm de profondeur avec ses pattes arrière et y pond ses oeufs qu'elle recouvre au fur et à mesure
— l'incubation prend de 9 à 10 semaines selon la température ambiante
— en moyenne, de 50 à 90 pour cent des oeufs pondus sont détruits par les prédateurs ; beaucoup d'autres ne parviennent pas à terme quand le temps est trop froid ou humide
— les oeufs éclosent au début de septembre
— c'est la température d'incubation qui détermine le sexe de la petite tortue

Mes particularités
— je nage et je grimpe remarquablement bien
— on m'appelle aussi « tortue hargneuse » à cause du comportement agressif que j'adopte quand je suis effrayée sur la terre ferme. Dans l'eau toutefois, je préfère éviter la confrontation et je me sauve

À noter
— les hommes me chassent pour me manger
— l'homme est le seul prédateur des grands individus adultes
— la tortue-alligator, qui me ressemble et qui vit dans le sud des États-Unis, est la plus grande tortue d'eau douce au monde

Mots nouveaux
aquatique
carapace
carnivore
incubation
invertébré
plastron
prédateur

Tortue peinte

Mon apparence
— je suis une tortue de taille moyenne atteignant 10 à 18 cm de longueur
— j'ai la carapace luisante, vert olive, bordée d'un motif de raies rouges
— j'ai la carapace ovale, lisse et plutôt aplatie
— j'ai la tête, le cou et la queue marqués de bandes jaunes et rouges
— j'ai le plastron jaune

Mon habitat
— je suis assez commune dans les cours d'eau, les étangs, les marais et les lacs peu profonds où le courant est faible
— je préfère un fond vaseux avec une abondante végétation immergée et des troncs et souches à demi submergés
— on peut nous voir, souvent en petits groupes, en train de nous chauffer au soleil sur des troncs ou des souches sortant de l'eau
— je passe l'hiver enfouie dans la vase du fond des étangs

Ma nourriture
— les jeunes tortues de mon espèce sont omnivores, ce qui signifie qu'elles se nourrissent à la fois de plantes et d'animaux, notamment d'escargots, de têtards, de poissons, d'insectes aquatiques, d'écrevisses, de cadavres, d'algues, de lentilles d'eau et d'autres plantes aquatiques
— les adultes mangent essentiellement des plantes

Ma vie de famille
— les femelles pondent, en juin, de 5 à 10 oeufs qui éclosent en septembre
— c'est la température qui détermine le sexe de l'embryon : les oeufs incubés à 30 °C ou plus produisent des femelles tandis qu'à 25° C, ils produisent des mâles
— aux limites nord de notre aire, il arrive que les femelles ne pondent pas chaque année, parce qu'elles ne réussissent pas à emmagasiner suffisamment d'énergie pour le faire
— la femelle creuse un nid de 10 cm de profondeur dans un sol bien drainé (souvent du sable ou du gravier)
— comme dans beaucoup d'autres espèces de tortues, les petits ont une « dent de l'oeuf » qui leur sert à briser la coquille et qui tombe peu après l'éclosion

Mes particularités
— je suis la tortue la plus répandue en Amérique du Nord
— au Canada, on me connaît trois sous-espèces : la tortue peinte de l'ouest, qu'on rencontre du sud de la Colombie-Britannique jusqu'au nord-ouest de l'Ontario, la tortue peinte du centre, qu'on trouve au sud de Sault-Sainte-Marie, dans le centre, le sud et l'est de l'Ontario et le sud du Québec, et enfin la tortue peinte de l'est qui habite la partie méridionale des provinces maritimes
— comme toutes les tortues qui se chauffent au soleil, je le fais en partie pour durcir ma carapace

À noter
— dans une partie de mon aire de répartition et notamment au Québec et en Ontario, il est interdit de me chasser ou même de me capturer pour m'élever chez soi

Mots nouveaux
carapace
dent de l'oeuf
incubation
omnivore
plastron

Tortue molle à épines

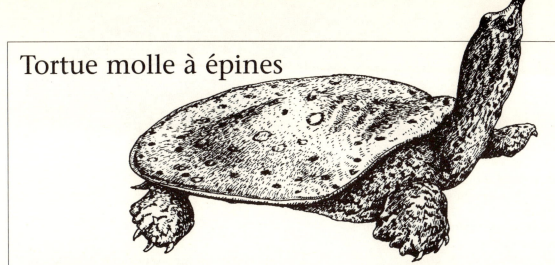

Mon apparence
— nous sommes de grosses tortues, les femelles pouvant atteindre de 17 à 43 cm de long et les mâles, de 12 à 23 cm de long
— à la différence des autres tortues d'eau douce vivant au Canada, j'ai la carapace couverte non pas d'écailles rigides, mais d'une sorte de cuir lisse qui me donne un peu l'aspect d'une crêpe
— ma carapace brun grisâtre est marquée de taches foncées, qui sont plus apparentes chez le mâle et le jeune
— j'ai deux bandes claires, bordées de sombre, de chaque côté de la tête
— j'ai le cou très long et un long museau en forme de groin
— j'ai de larges pattes entièrement palmées, en forme de pagaie
— mes mâchoires coupantes sont couvertes par des lèvres charnues

Mon habitat
— essentiellement aquatique, j'habite les petits ruisseaux marécageux, les rivières vaseuses, les baies et les étangs à fond lisse, mais aussi les rivières et les lacs à courant rapide
— j'aime me chauffer au soleil dans les endroits abrités, sur une berge vaseuse, une rive sablonneuse ou un tronc flottant
— jeune, je m'enfouis dans la vase du fond pour échapper à mes prédateurs

Ma nourriture
— je me nourris d'écrevisses, de poissons, de têtards et d'insectes aquatiques
— parfois j'attends ma proie, immobile au fond d'un étang, camouflée sous une mince couche de vase ; quand un poisson passe à proximité, je détends brusquement mon long cou et referme rapidement mon bec sur ma proie

Ma vie de famille
— la femelle pond de 4 à 32 oeufs, en juin, sur une plage ou dans la berge meuble des canaux ou des fossés de drainage, à proximité de l'eau
— les oeufs éclosent en septembre

Mes particularités
— je peux rester immergée plus longtemps que la plupart des autres tortues, parce que je suis capable d'extraire de l'oxygène de l'eau que je fais passer sur les muqueuses de ma bouche et de ma gorge
— je me tiens souvent dans les eaux peu profondes où je peux respirer tout en restant sous l'eau, en tendant mon long cou pour ne laisser sortir que le bout de mon nez
— je suis très rapide tant sur terre que dans l'eau et il est difficile de m'approcher ; n'essayez pas de me saisir car, grâce à mon long cou, je peux facilement me retourner pour mordre

À noter
— au Canada, je suis classée parmi les espèces menacées, du fait de mon aire de répartition limitée et de la disparition constante de mon habitat
— dans certaines parties de mon aire, notamment au Québec et en Ontario, je suis protégée par la loi

Mots nouveaux
aquatique
carapace
espèce menacée

Tortue luth

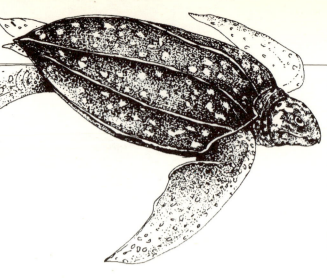

Mon apparence
— je suis la plus grande des tortues actuelles; je peux mesurer jusqu'à 183 cm de longueur et peser 680 kg
— mon corps est couvert d'une espèce de cuir lisse, plutôt que d'écailles dures comme celui des autres tortues
— mes pattes, en forme de rames ou de nageoires, sont parfaitement adaptées à la nage
— mes pattes sont dépourvues de griffes
— ma carapace de couleur brunâtre, grisâtre ou noir-bleuâtre porte cinq arêtes, ou carènes, sur le dessus et une autre de chaque côté
— mon plastron est blanc, avec cinq arêtes
— le mâle a le plastron concave et la queue plus longue que les pattes postérieures

Mon habitat
— tortue marine, je vis habituellement dans les mers tropicales, même si je remonte pendant l'été dans les eaux tempérées le long des côtes, jusqu'au nord des États-Unis et au sud du Canada (Colombie-Britannique, Maritimes, Terre-Neuve et Québec occasionnellement)
— je vis surtout en haute mer, mais il m'arrive de visiter les baies et les estuaires des côtes canadiennes de l'Atlantique et du Pacifique

Ma nourriture
— l'intérieur de ma bouche et de mon oesophage est hérissé de longues épines pointant vers l'arrière, qui me permettent de saisir et de retenir mon repas préféré, les méduses

Ma vie de famille
— comme la plupart des tortues de mer, je ne viens à terre que pour pondre
— la femelle creuse dans le sable un trou de près d'un mètre de profondeur où elle pond à chaque fois de 50 à 170 oeufs sphériques
— au cours de la saison de ponte (qui s'étend d'avril à novembre), chaque femelle pond à plusieurs reprises, à intervalles d'une dizaine de jours
— les oeufs éclosent au bout de huit à dix semaines
— à peine écloses, les jeunes tortues se précipitent vers la mer pour échapper aux nombreux prédateurs — crabes, oiseaux et petits mammifères — qui rôdent sur la plage.

Les jeunes passent les premières années de leur vie à se cacher en attendant d'être assez grosses pour se défendre

Mes particularités
— grâce à mes grandes pattes en forme de nageoires, je suis une nageuse puissante et je parcours souvent de grandes distances dans l'océan
— chez les autres tortues, qui ont la carapace dure, les côtes et la colonne vertébrale sont soudées à la carapace, mais pas chez moi qui ai une carapace souple à l'aspect de cuir
— bien que je sois ectotherme, comme tous les reptiles, je suis capable de maintenir la température de mon corps à 25 °C, même quand l'eau autour de moi est de 18 °C plus froide. Les chercheurs pensent que ma grande masse me permet de conserver la chaleur que génère mon activité musculaire

À noter
— au Canada et aux États-Unis, je suis inscrite sur la liste des espèces en danger de disparition
— même si des lois me protègent en Amérique du Nord, dans bien d'autres régions, mes oeufs sont récoltés et je suis chassée pour l'huile que contient mon corps et qui est utilisée dans certains cosmétiques

Mots nouveaux
carapace
concave
en danger de
    disparition
estuaire
marine
oesophage
plastron

Tortue du désert

Mon apparence
— ma carapace bombée est brune, marquée de jaune
— mon plastron est jaunâtre avec des marques brunes
— le plastron du mâle est concave
— mes pattes postérieures sont courtes et trapues
— mes pattes antérieures sont écailleuses et aplaties, conçues pour creuser
— mes pattes ne sont pas du tout palmées
— j'ai une petite tête ronde aux yeux jaune-verdâtre
— adulte, je peux mesurer jusqu'à 36,8 cm de long

Mon habitat
— je suis une tortue strictement terrestre
— je vis dans les milieux chauds et secs au sol de sable ou de gravier comme les déserts
— je fréquente aussi les canyons et les oasis
— pendant les grosses chaleurs de la journée, je m'abrite dans un terrier que je creuse moi-même
— j'hiberne de septembre à mars, parfois à plusieurs dans un même repaire

Ma nourriture
— je suis herbivore et me nourris d'herbe que je sors brouter, tôt le matin ou tard l'après-midi, quand le soleil est moins brûlant

Ma vie de famille
— je m'accouple au printemps et ponds de mai à juillet
— au cours de la saison, la femelle pond, à deux ou trois reprises, de 2 à 14 oeufs à coquille dure, dans un nid peu profond en forme d'entonnoir
— mes oeufs éclosent entre la mi-août et le mois d'octobre
— je n'atteins ma pleine maturité que vers l'âge de 15 à 20 ans

Mes particularités
— j'appartiens au seul genre de tortues terrestres indigènes d'Amérique du Nord
— mes pattes antérieures aplaties font de moi un excellent creuseur; on a déjà vu de mes tunnels horizontaux atteindre 9 m de long, ce qui est plus long qu'un autobus scolaire!
— quand deux mâles se rencontrent, ils secouent rapidement la tête, puis s'élancent l'un contre l'autre et se cognent, l'un réussissant parfois à retourner l'autre sur le dos

À noter
— aux États-Unis où je vis, je suis sur la liste des espèces en danger de disparition

Mots nouveaux
canyon
carapace
concave
en danger de
   disparition
herbivore
oasis
plastron
terrestre

Fiche d'identité

Couleuvre rayée

W DABROWSKI

Mon apparence
— je suis le serpent le plus répandu en Amérique du Nord et on me connaît cinq sous-espèces au Canada
— ma couleur varie selon la sous-espèce, mais je suis en général rayée, avec souvent des barres rouges ou des taches noires entre les bandes
— il existe, sur la rive nord du lac Érié et plus particulièrement à Long Point et à la pointe Pelée, ainsi qu'en Nouvelle-Écosse, des populations mélaniques (entièrement noires)
— mes écailles sont carénées, ce qui me donne un aspect mat

Mon habitat
— je fréquente les marais, les champs, les ravins, les boisés humides, les parcs urbains et la berge des cours d'eau
— en hiver, j'hiberne en groupe dans le remblai de routes ou de voies ferrées, ou profondément enfoncée dans des tas de roches, dans des terriers de siffleux ou dans les fondations de vieux bâtiments
— je commence habituellement à hiberner au début d'octobre, même s'il m'arrive de sortir me chauffer au soleil sur le seuil de mon hibernaculum, les jours de grand soleil

Ma nourriture
— comme tous les serpents, je suis carnivore
— je me nourris de grenouilles, de crapauds, de têtards, de poissons, de vers, de campagnols, de salamandres et d'oisillons

Ma vie de famille
— j'émerge généralement de mon hibernation à la fin de mars ou en avril, selon la région, et je m'accouple presque aussitôt
— mes petits naissent tout formés (pas dans des oeufs) au mois d'août, par portées de 20 à 40 serpenteaux ; une grosse femelle peut donner naissance à 70 petits à la fois !

— à la naissance, mes petits mesurent environ 12 cm de long
— certaines femelles s'accouplent à l'automne, avant d'hiberner et peuvent alors donner naissance dès le mois de mai

Mes particularités
— au Canada, j'appartiens à l'une de cinq sous-espèces selon l'endroit où j'habite
— j'ai pour proches parentes la couleuvre mince, la couleuvre à petite tête, la couleuvre des Plaines, la couleuvre de l'Ouest et la couleuvre du Nord-Ouest
— comme les autres serpents, pour sentir, je darde ma longue langue de manière à capter dans l'air les molécules d'odeur, puis je la rentre et je transmets ces molécules à l'organe de Jacobson, qui s'ouvre dans mon palais

À noter
— quand on me dérange, je préfère disparaître rapidement en me faufilant entre les herbes
— quand je dois me défendre, je peux mordre ou émettre une odeur musquée

Mots nouveaux
carnivore
darder
hibernaculum
mélanique
musquée
organe de Jacobson

Couleuvre obscure

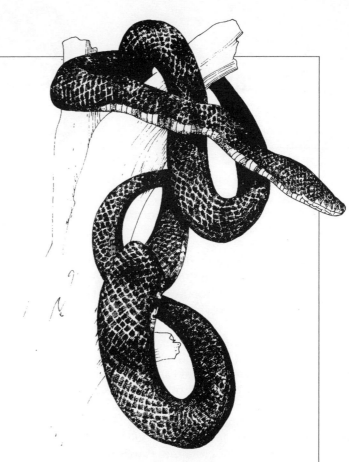

Mon apparence
— je suis l'un des plus grands serpents du Canada ; je mesure de 100 à 250 cm de long
— adulte, je suis la plupart du temps d'un noir luisant, comme un pneu, mais je peux aussi présenter de vagues éclaboussures
— ma gorge et mes lèvres sont blanchâtres
— mes écailles sont légèrement carénées
— jeune, je suis grisâtre avec des éclaboussures brun-rougeâtre nettement visibles
— j'ai une ligne sombre qui part de la mâchoire, passe par l'oeil et remonte sur la tête

Mon habitat
— je fréquente les pâturages anciens, les alentours des fermes et des bâtiments abandonnés, de préférence près des broussailles et des bois
— il m'arrive aussi de fréquenter les carrières ou les champs, à proximité de boisés ouverts
— j'hiberne souvent en groupe dans de profondes fissures rocheuses

Ma nourriture
— je me nourris de souris, de campagnols et d'oisillons
— je suis capable de grimper aux arbres pour aller chercher les oeufs ou les oisillons dans les nids
— je suis un constricteur, c'est-à-dire que j'enroule étroitement mon long corps autour de mes proies que je serre jusqu'à ce qu'elles étouffent et meurent

Ma vie de famille
— je m'accouple en juin et la femelle pond, en juin ou juillet, de 10 à 18 oeufs ovales qu'elle dépose sous des planches ou de vieilles souches en décomposition
— les oeufs éclosent au bout de 7,5 à 15,5 semaines
— mes petits mesurent environ 35 cm à la naissance

Mes particularités
— je suis active durant le jour au printemps et en automne, mais deviens nocturne durant l'été

— comme les autres serpents de ma famille, j'aplatis mon cou et je siffle quand je me sens menacée, afin d'intimider mon adversaire
— je ne suis pas venimeuse

À noter
— mon aire de répartition au Canada est limitée à l'Ontario où je suis protégée aux termes de la Loi sur la chasse et la pêche
— tous les serpents ont mauvaise réputation ; les gens en ont peur et, trop souvent, les tuent dès qu'ils les voient. Les grands serpents, comme la couleuvre obscure, semblent particulièrement dangereux et les gens s'imaginent qu'ils sont venimeux. Si plus de gens connaissaient les serpents, peut-être seraient-ils moins portés à les tuer inutilement

Mots nouveaux
carrière
constricteur
nocturne
venimeux

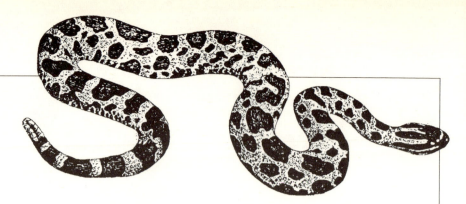

Massasauga

Mon apparence

— je mesure en général entre 50 et 76 cm de long, bien qu'on ait rencontré des individus de 100 cm
— je suis gris avec de grosses éclaboussures brunâtres ou noires le long du dos et trois rangées d'éclaboussures plus petites sur les côtés
— j'ai cinq à six bandes brun foncé en travers de la queue
— au bout de ma queue, la « sonnette » brun foncé est formée d'une série de segments durs imbriqués ; quand j'agite la queue, ces segments creux frottent les uns contre les autres et produisent une espèce de bourdonnement
— j'ai, entre la narine et l'oeil, une fossette typique des crotalinés (sous-famille des crotales, à laquelle j'appartiens)

Mon habitat

— mon nom Massasauga signifie « grande embouchure de rivière » dans la langue des Indiens chippewa ; cela fait référence à mon habitat, les zones marécageuses à l'embouchure des rivières, que je fréquente particulièrement au printemps et à l'automne
— en été, je préfère les terrains dégagés à proximité des bois, les abords des lignes électriques et autres terrains élevés secs

Ma nourriture

— je me nourris essentiellement de petits rongeurs — en particulier de souris — et de grenouilles
— ma bouche est équipée d'une paire de crochets creux qui sont normalement repliés contre mon palais. Quand j'ouvre la bouche pour mordre, les crochets se redressent et injectent le venin comme ferait une aiguille de seringue
— mes mâchoires aux articulations lâches me permettent d'ouvrir très grand la bouche pour avaler des proies plus larges que ma tête

Ma vie de famille

— je m'accouple soit en septembre avant d'entrer en hibernation, soit en mai ou juin

— la mère porte, à l'intérieur de son corps, des oeufs membraneux qui contiennent ses petits. Une fois que ces petits sont arrivés à terme, la mère expulse sa portée et les serpenteaux s'échappent de leur membrane
— la portée de 7 à 8 petits massasaugas mesurant chacun une vingtaine de centimètres naît en juillet ou août

Mes particularités

— chaque fois que je mue, c'est-à-dire que je change de peau (jusqu'à cinq fois par an), un segment supplémentaire s'ajoute à ma sonnette ; il n'est donc pas possible de déterminer mon âge en comptant ces segments
— les fossettes de ma tête sont des organes sensibles à la chaleur ; elles m'aident à trouver mes proies, même dans le noir, en décelant le moindre changement de température. Par exemple, si un animal à sang chaud se trouve à proximité, mes fossettes détecteront la chaleur de son corps

À noter

— le massasauga est l'un des trois serpents à sonnette vivant au Canada, les autres étant les deux sous-espèces du crotale de l'Ouest que l'on trouve, l'une dans le centre sud de la Colombie-Britannique et l'autre, dans le sud de l'Alberta et de la Saskatchewan. Le crotale des bois, qui vivait autrefois dans le sud-ouest de l'Ontario, n'a pas été observé depuis 1941
— dans la plupart des cas, dérangé en pleine nature, je préfère m'éloigner lentement pour me mettre à l'abri

Mots nouveaux
crotaliné
garrot
muer
venin
sérum

Couleuvre tachetée

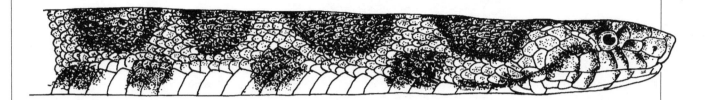

Mon apparence
— je peux atteindre une longueur de 132 cm, mais en moyenne je ne dépasse pas 50 à 90 cm
— mes coloris varient grandement selon la région où j'habite. Dans le nord de mon aire, je suis brun grisâtre avec de grandes éclaboussures brun-rouge bordées de noir le long du dos et de plus petites sur les côtés. On peut parfois me confondre avec le massasauga ou le mocassin à tête cuivrée.
— j'ai sur la nuque une tache en forme de Y ou de V
— jeune, j'ai la peau blanc crème et luisante, avec des éclaboussures rouges bordées de noir
— mes écailles sont lisses

Mon habitat
— dans les champs, les boisés ouverts et les alentours des fermes, on me trouve parfois sous les pierres, les amas de feuilles mortes ou les planches
— je suis essentiellement nocturne, mais en automne on me surprend parfois en train de prendre un bain de soleil
— j'hiberne dans les fondations des vieux bâtiments, les sous-sols et les vieux puits

Ma nourriture
— je me nourris de petits rongeurs, d'oiseaux et de jeunes serpents

Ma vie de famille
— je m'accouple au printemps et la femelle pond de 5 à 13 oeufs blancs et allongés, sous des branches mortes, des planches et autres bois en décomposition, ou dans les tas de compost
— mes oeufs éclosent en août ou septembre
— à la naissance, mes petits mesurent de 12 à 28 cm de long

Mes particularités
— je me suis adaptée au milieu urbain et je vis jusque dans les grandes villes. On me trouve en général près des vieux bâtiments et des fermes abandonnées où je contribue largement à réduire la population de souris
— même si j'agite la queue quand je me sens menacée (alors que je n'ai pas de sonnette), je ne suis pas venimeuse et ne présente aucun danger

À noter
— les anglais m'appellent « milk snake » parce que, selon la croyance populaire et simplement parce qu'on me trouve souvent près des étables, on m'accusait, tout à fait à tort, de téter les vaches et de faire baisser leur production de lait

Mots nouveaux
nocturne
venimeux

Couleuvre agile

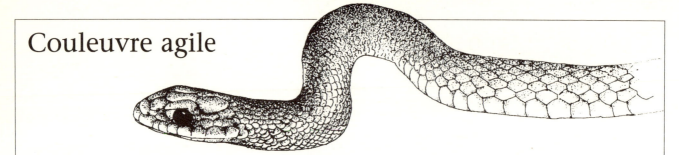

Mon apparence
— je suis un grand serpent à écailles lisses, dont la couleur varie du noir au bleuâtre, au brun ou au vert
— j'ai le ventre blanc, jaune ou gris sombre
— jeune, je suis grise avec des taches sombres sur les flancs et une rangée d'éclaboussures gris sombre, brun ou rougeâtre le long du dos
— la plus longue couleuvre agile jamais trouvée au Canada appartenait à la sous-espèce *foxi* (parfois appellée bleue) et mesurait 182,9 cm ; la sous-espèce *flaviventris* (à ventre jaune, vivant en Saskatchewan) arrive à être presque aussi longue, mais celle de Colombie-Britannique (*mormon*) est plus petite

Mon habitat
— je fréquente les prairies ou les mélanges de boisés ouverts et d'herbes, les coteaux rocailleux boisés et les berges herbeuses des cours d'eau
— je grimpe fréquemment dans les buissons et les branches basses des arbres
— je suis diurne, donc active le jour
— j'hiberne en groupe dans les tas de roches et les carrières

Ma nourriture
— je me nourris de gros insectes, d'oiseaux, de souris et de campagnols, de grenouilles et de lézards
— je grimpe parfois dans les buissons peu élevés pour prendre les oisillons dans leur nid
— quand je chasse, je me déplace souvent en tenant la tête dressée bien haut

Ma vie de famille
— la couleuvre agile bleue de l'Ontario est classée parmi les espèces en danger de disparition et elle est protégée aux termes de la Loi sur les espèces en voie de disparition adoptée par cette province. La plus grande menace vient de la disparition de son habitat et elle n'existe plus aujourd'hui que sur l'île Pelée, à l'extrême sud-ouest de l'Ontario
— la sous-espèce à ventre jaune de l'est, qui vit dans le sud-ouest de la Saskatchewan, est actuellement classée parmi les espèces vulnérables
— quand on la dérange, la couleuvre agile bleue émet le même bruit de crécelle qu'un serpent à sonnette, en faisant vibrer sa queue dans les herbes sèches. Elle n'est pas venimeuse mais, si on la saisit, elle peut mordre

À noter
— pour éviter que d'autres serpents ne se trouvent placés en danger de disparition, vous pouvez :
  • vous documenter davantage sur les serpents et plus spécialement ceux de votre région
  • faire comprendre autour de vous la nécessité de protéger les serpents
  • aider à préserver les habitats où l'on sait que des serpents sont présents
  • aider les groupes environnementalistes qui protègent les serpents

Mots nouveaux
diurne
en danger de
  disparition
environnementaliste
vulnérable

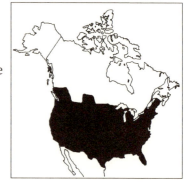

Boa caoutchouc

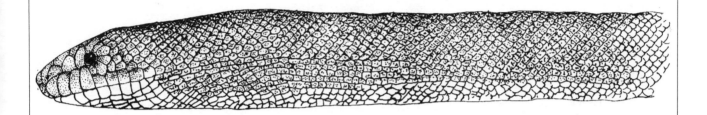

Mon apparence
— je mesure jusqu'à 73,7 cm de long
— ma couleur varie de grisâtre à brun-jaunâtre sur le dessus
— j'ai le ventre jaune
— j'ai le museau court et large et une queue à bout large qui a la même forme que ma tête
— j'ai les écailles lisses

Mon habitat
— j'habite les boisés humides et les forêts de conifères, les herbages et les endroits sablonneux et détrempés proches des ruisseaux rocailleux
— je m'abrite sous les roches et le tapis de feuilles des forêts, ou dans de vieux troncs creux
— on peut m'apercevoir nageant ou grimpant dans les buissons et les arbustes
— je suis surtout nocturne
— je m'enfouis souvent dans un terrier

Ma nourriture
— comme tous les autres membres de ma famille, celle des boïdés, je suis un constricteur et j'étouffe mes proies, petits mammifères et oiseaux, dans mes puissants anneaux

Ma vie de famille
— je mets au monde de 2 à 8 serpenteaux tout formés, à la fin août ou en septembre

Mes particularités
— j'ai la queue préhensile, ce qui signifie que je peux l'enrouler autour des choses, notamment des branches, pour grimper aux buissons et aux arbustes
— quand je suis en danger, il m'arrive de me rouler en boule, en cachant ma tête dans mes anneaux et en laissant le bout de ma queue dépasser pour faire croire au prédateur qu'il s'agit de ma tête

À noter
— j'appartiens à la famille des boïdés qui compte d'autres boas et les pythons, mais je suis le seul de la famille qui soit indigène au Canada

Mots nouveaux
boïdés
constricteur
nocturne
préhensile

Scinque pentaligne

Mon apparence
— je suis une sorte de lézard
— je mesure de 15 à 20,5 cm de long et j'ai le corps noir et luisant rayé de cinq bandes de couleur crème
— mes bandes s'estompent avec l'âge
— jeune, j'ai la queue d'un bleu vif
— pendant la saison des amours (en juin), la tête du mâle se teinte de rouge
— je ressemble à une salamandre, mais j'ai le corps couvert d'écailles et des griffes au bout des doigts

Mon habitat
— on me trouve dans les feuilles mortes qui jonchent le sol des boisés ouverts ou dans les endroits sablonneux
— je vis aussi dans les roches fracturées du Bouclier canadien, en bordure des lacs, des cours d'eau et des îles
— on me voit souvent en train de me chauffer au soleil sur une pierre, une branche morte ou sur le sable chaud
— la nuit, je m'abrite sous les pierres ou les branches tombées et on peut me découvrir en retournant les roches plates, dans mon aire de répartition
— j'hiberne sous les tas de pierres ou de bois, ou encore dans les anfractuosités rocheuses et les souches

Ma nourriture
— je me nourris de mouches, de coléoptères, d'araignées et de vers de terre

Ma vie de famille
— après l'accouplement qui a lieu en juin, la femelle pond de 6 à 10 petits oeufs blancs à enveloppe parcheminée, sur un lit de feuilles sèches, sous les roches ou les branchages
— la femelle protège ses oeufs jusqu'à leur éclosion, en août ou septembre
— les nouveau-nés mesurent 5 cm de long et ont la queue bleu vif

Mes particularités
— ma queue se brise facilement, ce qui me permet d'échapper à mes prédateurs ; si le prédateur s'attaque à ma queue, je peux facilement la casser et m'enfuir tandis que mon assaillant est occupé par le bout tranché qui continue à se tortiller sur le sol. Ma queue repousse parfaitement si je suis jeune, mais reste plus courte et trapue si je suis adulte

À noter
— les autres scinques indigènes du Canada sont le scinque des Prairies qui vit dans le sud-ouest du Manitoba et le scinque de l'Ouest qui vit dans le centre sud de la Colombie-Britannique et, peut-être, sur l'île de Vancouver

Mots nouveaux
Bouclier canadien
prédateur
salamandre

Iguane à petites cornes

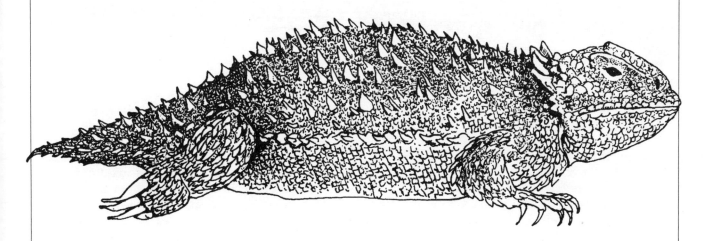

Mon apparence
— je mesure au plus 11,5 cm de long
— je suis gris, brun jaunâtre ou brun rougeâtre avec deux rangées de taches sombres le long du dos
— j'ai le dos, les flancs et le dessus des pattes couverts de courtes épines
— j'ai derrière la tête une couronne de courtes pointes plates ; cette couronne présente en son milieu une large échancrure
— mes écailles ventrales sont lisses et blanches ou jaunâtres

Mon habitat
— je fréquente les plaines rocailleuses ou sablonneuses à végétation courte
— je suis très difficile à voir parce que je me camoufle, c'est-à-dire que je me fonds parfaitement dans mon environnement
— je suis actif en plein midi et m'abrite la nuit dans un terrier

Ma nourriture
— je me nourris essentiellement de fourmis

Ma vie de famille
— à la différence de la plupart des lézards, qui pondent des oeufs, je mets au monde, en une seule portée, en juillet ou août, jusqu'à trois douzaines de petits entièrement formés

Mes particularités
— j'appartiens à la famille des iguanidés, tout comme l'anolis, le basilic et quelques autres

— je possède la capacité étrange de faire jaillir du sang de mes yeux en faisant éclater un vaisseau sanguin ; on pense que c'est pour moi un moyen de défense, et que le goût désagréable du sang pourrait décourager mes prédateurs
— mon corps large et mon allure m'ont valu le nom de « crapaud cornu »

À noter
— au Canada, je suis classée parmi les espèces vulnérables, essentiellement parce que je n'habite qu'un très petit secteur, à l'extrême sud de l'Alberta et de la Saskatchewan
— une sous-espèce qui m'était étroitement apparentée, l'iguane à petites cornes de l'Ouest, vivait à l'extrême sud de la Colombie-Britannique ; elle est désormais considérée comme disparue. Cela signifie qu'on ne la trouve plus au Canada, mais elle subsiste ailleurs, aux États-Unis

Mots nouveaux
camoufler (se)
échancrure
espèce disparue
iguanidés
prédateur
vulnérable

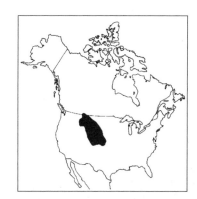

Alligator

Mon apparence
— grand crocodilien, je mesure entre 180 et 580 cm, ce qui fait de moi le plus grand reptile d'Amérique du Nord (mais en Amérique du Sud, le crocodile arrive à être plus grand que moi)
— mon museau est large et arrondi
— ma peau est en général noire avec des marques jaunâtres qui s'effacent avec l'âge

Mon habitat
— je vis dans le sud-est des États-Unis, dans les lagunes, étangs, lacs, rivières, marécages et bayous, que l'eau y soit douce ou salée
— dans la partie nord de mon aire, j'hiberne dans une tanière pendant les hivers froids

Ma nourriture
— je mange des poissons, de petits mammifères, des tortues, des serpents, des grenouilles, des oiseaux et des invertébrés

Ma vie de famille
— je m'accouple en avril ou mai
— en juin, la femelle construit, avec de la boue, des feuilles et des matières végétales en décomposition, un vaste nid en forme de monticule s'élevant au-dessus du sol
— elle pond de 25 à 60 oeufs à coquille dure, dans un trou qu'elle creuse au centre du monticule
— elle défend son nid contre les prédateurs, notamment les lézards, pendant neuf semaines environ, jusqu'à ce que ses petits commencent à éclore
— quand un petit est sur le point d'éclore, il émet un son aigu; dès qu'elle entend cet appel, la mère alligator ouvre le nid, pour laisser sortir les petits
— les jeunes restent auprès de leur mère pendant un à trois ans

Mes particularités
— en période de sécheresse, je creuse des trous profonds pour trouver de l'eau; d'autres animaux qui partagent le même habitat viennent boire à ces trous, ce qui les aide à survivre
— moi et mes cousins, les autres crocodiliens, sommes étroitement apparentés aux dinosaures et existions déjà en leur temps. À présent que les dinosaures ont disparu, les scientifiques nous considèrent comme les plus intelligents et les plus avancés des reptiles

À noter
— voici ce qui me distingue de mon cousin le crocodile :
  • j'ai la tête large et le museau plat et arrondi, tandis que le crocodile a la tête triangulaire et le museau étroit
  • quand j'ai la gueule fermée, on ne voit pas, comme chez le crocodile, sortir la quatrième dent de la mâchoire inférieure
— j'ai été chassé à outrance pour mon cuir dont on fait des chaussures, des ceintures, des porte-feuilles, des sacs à main et d'autres choses encore. La disparition des habitats humides est une autre menace à ma survie
— aux États-Unis, je suis désormais protégé par la législation fédérale et par celle des États, et notre nombre augmente dans certaines régions. Il existe à présent des fermes où l'on élève des alligators pour leur peau. Peut-être serai-je ainsi moins chassé dans la nature

Mots nouveaux
bayou
espèce disparue
invertébré
prédateur
sécheresse